Mein Klassiker

Autoren erzählen vom Lesen

Herausgegeben von
Sascha Michel, Mirjam Neusius und
Lea Katharina Ostmann

Fischer Taschenbuch Verlag

Originalausgabe

Veröffentlicht im Fischer Taschenbuch Verlag,
einem Unternehmen der S. Fischer Verlag GmbH,
Frankfurt am Main, März 2008

Für diese Ausgabe:

Satz: MedienTeam Berger, Ellwangen
Druck und Bindung: Clausen & Bosse, Leck
Printed in Germany
ISBN 978-3-596-90001-5

Unsere Adressen im Internet:
www.fischerverlage.de
www.fischer-klassik.de

Inhalt

Vorwort

Wer immer sich über die sogenannten Klassiker verständigen will, hat es mit einem längst in Besitz genommen Feld zu tun. Ob in der PR zum runden Todestag oder in den Grundsatzdebatten über Kanonbildung und kulturelle Werte – wenn es um die ›heiligen‹ Texte der Vergangenheit geht, lässt die Kulturpolitik nicht mit sich spaßen. Und weil das so ist, weil es also bei den Klassikern notorisch um unsere vermeintlichen Fundamente geht, sind es nicht zuletzt die Schulen und Universitäten, die das Reden über Klassiker rhetorisch prägen. Hier, in den ewigen Paralleluniversen von Deutschunterricht und Proseminar, wird einem von Grund auf beigebracht, was so einen Klassiker zum Klassiker macht – die nötige Dosis »Dekonstruktion«, wenn's sein muss, inklusive.

Wie sich die mit der Klassiker-Pflege verbundenen Geisterbeschwörungen und Aktualitätszwänge auf die pädagogische Praxis auswirken, hat wohl jeder Schüler schon erlebt. Nachlesen kann man es in einem ebenfalls längst klassisch gewordenen Roman, den *Buddenbrooks* von Thomas Mann: »Friede und Schläfrigkeit herrschten im Zimmer. Die Hitze war durch die beständig arbeitende Heizung und die Gaslampen schon ziemlich stark geworden und die Luft durch diese fünfundzwanzig atmenden und dünstenden Körper schon ziemlich verdorben. Die Wärme, das gelinde Sausen der Flammen und die monotone Stimme des Vorlesenden legten sich um die gelangweilten Gehirne und lullten sie in dumpfe Traumseligkeit.«

Natürlich gibt es nicht nur langweilige Lehrer wie Thomas Manns Ballerstedt, der im Laufe der gemeinsamen Lektüre immer wieder innehält und »einen kleinen mit allgemeinen moralischen Betrachtungen untermischten Vortrag über den fraglichen Punkt« hält, ohne dass ihm irgendjemand in der Klasse zuhören würde. Vor allem aber gibt es nicht nur gelangweilte

Schüler, sondern immer wieder auch Leser wie Hanno Buddenbrooks Freund Kai Graf Mölln, der den offiziellen Lektüren des Unterrichts seine ganz eigenen Klassiker-Lektüren entgegensetzt: Während Herr Ballerstedt seine Vorträge hält, liest der junge Kai Graf Mölln alles andere als gelangweilt in den *Unbegreiflichen Ereignissen und geheimnisvollen Taten* von Edgar Allan Poe.

Was Thomas Mann in den *Buddenbrooks* schildert, ist der Ausgangspunkt der vorliegenden Anthologie. Bei aller Unterschiedlichkeit der Texte nämlich finden die Klassiker-Lektüren zeitgenössischer Autorinnen und Autoren, die dieser Band versammelt, abseits des offiziellen Exegese-Betriebs statt. Edgar Allan Poe hat sich im Folgenden zwar niemand vorgenommen – alle Beiträge aber zeugen von einem ganz und gar persönlichen Umgang mit den Klassikern der Weltliteratur, der sich weder für Kanondebatten noch überhaupt für irgendeinen vorgegebenen »fraglichen Punkt« interessiert.

Zur Sprache kommt dabei immer wieder der »Entfremdungsschreck« (Marlene Streeruwitz), den die pädagogische Klassiker-Verwaltung bei den zum Glück nicht komplett Bildungsgeschädigten auslöst. Vielfach reflektieren die Texte dieser Anthologie auch die Macht der Klischees, die jeden persönlicheren Zugang zu den Klassikern verstellen – eine Macht übrigens, die sich nicht nur in all den ungebrochen bildungsbürgerlichen Klassiker-Aneignungen im Gefolge der 1950er Jahre zeigt, sondern ironischerweise auch in den Ausbruchsversuchen nach 1968. Die einst so heilsame Erklärung des Autors zum bloßen Text-Architekten zum Beispiel hat ihrerseits längst so viele eigene Zwänge produziert, dass heute das alte Bild vom weltfremden Genie durchaus wieder an Faszinationskraft gewinnt. Und wenn im Zuge der einst so befreienden Suche nach den ›anderen‹ Klassikern ein nicht minder mächtiger (Gegen-)Kanon entsteht, der zum Beispiel ganze Generationen zu begeisterten Kleist-Fans macht, besteht die Befreiung womöglich gerade darin, die Lektüre wieder mehr dem Zufall zu überlassen oder sich in das vermeintlich langweiligere Jean Paul- oder gar Schiller-Seminar zu setzen.

Ohne Allergien und entsprechend polemische Abwehrreaktionen kommt man jedenfalls kaum aus, wenn man sich in den heiligen Hallen kanonischer Texte bewegt. Insgesamt aber gibt es unter den zeitgenössischen Autorinnen und Autoren eine hartnäckige, höchst individuelle Begeisterung für ganz bestimmte Klassiker. Auch bei den erwählten Hausgöttern ist das enthusiastische Nicken zwar bisweilen von einem heftigen Kopfschütteln begleitet. Das aber gehört eben zur lebendigen Auseinandersetzung dazu. So wie auch die »herrliche ahnungslosigkeit« (Kathrin Röggla) bei er ersten Begegnung mit einem kanonischen Text unbedingt dazugehört.

Auffällig ist, dass – zumindest in der Erinnerung – der Ort der Lektüre eine große Rolle spielt: Fast nie, so scheint es, begegnet man Klassikern am institutionell vorgesehenen Ort. Klassiker – das scheint eine literarische Spezies zu sein, die man besonders gut im eigenen Bett, beim Nachtdienst in einer Computerfirma oder nach Schulschluss im sommerlichen Strandbad lesen kann.

Was genau die Faszination von Klassikern ausmacht, ist von der jeweiligen Leserin, dem jeweiligen Leser abhängig und prinzipiell auf keine Formel zu bringen. Die »Flucht- und Schutzfunktion« fiktionaler Welten (Günter de Bruyn) spielt eine wichtige Rolle. Ebenso die Möglichkeit, in fremde Erfahrungswelten und Vokabulare einzutauchen. Da die Leser selbst Autoren sind, geht es verständlicherweise auch manchmal um rein technische Fragen – und natürlich verraten die Lektüren stets auch etwas über die jeweilige Poetik des lesenden Autors. Von zentraler Bedeutung aber ist für alle Lektüren dieses Bandes – seien sie nun polemisch, begeistert apologetisch oder einfach nur stirnrunzelnd –, dass sie die »Verschwörung der Langeweile« (Stephan Wackwitz), die den Umgang mit Klassikern in der Regel prägt, nicht nur enttarnen, sondern auch lustvoll aufbrechen, indem sie von den geradezu süchtig machenden Lockstoffen der Literatur oder auch von ihrer wunderbaren Lizenz zum Nonsens erzählen.

Der Klassiker Karl Philipp Moritz schrieb im lesewütigen 18. Jahrhundert noch über die Gefährdung der Individualität durch zu viel Lektüre: »Ja nichts macht die Menschen wohl mehr unwahr, als eben die vielen Bücher. Wie schwer wird es dem Beobachter, unter all dem, was durch das Lesen von Romanen und Schauspielen in den Karakter gekommen ist, das Eigne und Originelle wieder hervorzusuchen! Anstatt Menschen, o Wunder! hört man jetzt Bücher reden, und siehet Bücher handeln.« – Die vorliegende Anthologie, die ganz im Zeichen persönlicher Lektüre- und Lebensgeschichten steht, macht deutlich, dass die Leserinnen und Leser sehr wohl in der Lage sind, aus all den Büchern »das Eigne und Originelle« hervorzusuchen – mehr noch: dass das leidenschaftliche Lesen offenbar im besten Sinne »Karakter« bildend ist. Ohren und Augen auf also für das Reden und Handeln der Klassiker!

Die Herausgeber

Günter de Bruyn

Wie ich zur Literatur kam

Die erste Lektüre, derer ich mich entsinne, ist eine Bildergeschichte, in der die Verse vorkommen: Doch im Walde da sind Wurzeln, worüber nun die beiden purzeln. Wenn mein Gedächtnis mich nicht täuscht, waren die beiden ein Page und eine Prinzessin, die sich in einem von Menschenfressern bewohnten Wald verlaufen. Später las man mir idyllische Märchen von Matthiessen vor. Der Band hieß *Das alte Haus*, war auf löschpapierartigem Papier gedruckt und mit Strichzeichnungen versehen, die man bunt ausmalen konnte. Die Zwerge, Riesen, Kartoffelkönige, Uhrenmännchen und sogar die Hexen waren gutartig und freundlich, und es floß kein Tropfen Blut. Tränen dagegen flossen bei mir reichlich über die wechselnden Schicksale eines deutschen Pinocchio, der *Das hölzerne Bengele* hieß. Das erste Stück großer Literatur, das ich an jedem 24. Dezember hörte, die Geschichte von Christi Geburt aus dem Lukas-Evangelium, übte einen Zauber eigener Art auf mich aus, der nie verging, da sich von Jahr zu Jahr mehr von dem erhellte, was erst dunkel geblieben war. Das Glück aber, in Literatur eigne Umwelt, eigne Innenwelt, sich selbst also wiederzufinden, begegnete mir zum erstenmal in einem Stück Prosa, das im Schullesebuch meiner älteren Geschwister stand. Da wurde (von Scharrelmann, wie ich annehme, oder von einem anderen Deutschunterrichtsreformer der Jahrhundertwende) von einem Wintermorgen erzählt, an dem ein Kind durch ein in die Eisblumen der Fensterscheibe gehauchtes Guckloch die vom Schnee veränderte Umgebung beobachtet: schlitternde Nachbarskinder, schneefegende Straßenkehrer, die Milchfrau, weiße Atemwolken, die Pferde aus Nüstern blasen – reine Beschreibung vertrauter Dinge, die aber wunderbarerweise im Leser Gefühle wecken kann, von denen im Text nicht die Rede ist. Das Lesestück stand rechts oben und war höchstens eine dreiviertel Seite lang.

Das muß im ersten Schuljahr gewesen sein. Im selben Jahr noch verfiel ich, und zwar vollständig und für alle Jahre der Kindheit, einem Autor, der sich mit so kurzen Stücken nicht abgab, einem Lang- und Vielschreiber, einem Magier, Hochstapler, Scharlatan, dessen anhaltende Wirkung auch seinen Verächtern Rätsel aufgibt. Von 1933, dem Jahr, in dem Hitler an die Macht und ich zur Schule kam, bis in das erste Kriegsjahr hinein lebte ich in einer anderen Welt als die anderen, in einer Welt ohne Schulzwang, ohne Uniformszwang, ohne Aufmärsche, Fahnen, Lautsprecher – in der Welt Karl Mays.

Oder war es nicht doch mehr eine eigne, die mir Karl May nur erschaffen half? So kommt es mir vor, wenn ich ihn heute wieder lese. Mühsam muß ich mir, was da, noch immer vertraut, aber völlig entzaubert, auf dem Papier steht, rückübersetzen in die Sprache der Kindheit, und trotzdem gelingt es mir nicht, den Vorgang zu rekonstruieren, der mir damals den Gegenentwurf zu der Welt schuf, die mich umgab, den Entwurf einer Welt der Freiheit, die aber immer überschattet war von der Melancholie des Wissens um ihre Unwirklichkeit.

Es ist die Welt, die ich heute bei einem anderen Vielschreiber wiederfinde, aber bei einem großen, bei Cooper nämlich. Wenn der alte Lederstrumpf in den *Ansiedlern oder die Quellen des Susquehannah*« nicht bereit ist, sich den Zwängen der Gesellschaft zu fügen, dann ist es da, dieses Kindergefühl aus Stolz, Trauer und Ohnmacht, das Unfähigkeit zur Anpassung umfunktioniert in Größe und sich dabei immer der Tatsache bewußt bleibt, daß seine Zeit vorbei ist. Mit der Wildnis, in der und gegen die sich der große Einzelne bewährt, stirbt auch sein Ethos. Über die Tragödie der Zähmung geht die Geschichte hinweg.

Nie mehr habe ich so isoliert gelebt wie als Kind. Eine Familie, die sich als Insel im Meer des Unglaubens und der Unmenschlichkeit verstand, hatte Gefühl und Verstand geprägt und sich dann aufgelöst. Das Kind blieb in der Diaspora allein, ein Katholik unter Protestanten, ein zum Nationalismus Unfähiger unter Nationalisten, ein Träumer unter Anpassern. Wie der asoziale Kleinbürger May beim Schreiben, reagierte das Kind beim Lesen sich Komplexe ab. May half ihm Isolierung ertragen, trug aber andererseits dazu bei, es tiefer in diese zu führen. Denn nie konnte es seine ausschließliche Liebe zu ihm mit jemandem teilen. Er galt auch damals schon als altmodisch, unzeitgemäß, unverdaulich, als Literatur der Großväter. Seine Landschaftsschilderungen langweilten, sein christliches Moralisieren wirkte lächerlich. Man las Rolf Torring, Billy Jenkins, William Tex oder Kriegsbücher über Kampfflieger und U-Boot-Kommandanten. Von denen blieb ich verschont.

Wie der letzten Seite eines jeden Karl-May-Bandes zu entnehmen war, gab es 65 davon, und mein Ehrgeiz trieb mich, sie alle zu lesen. Jeder der grünen Halbleinenbände, ohne Schutzumschlag, mit buntem Deckelbild, sonst aber nicht illustriert, hatte 500–600 Seiten. Etwa 35 000 May-Seiten habe ich also (wiederholtes Lesen einzelner Bände nicht gerechnet) damals gelesen, darunter für mich so unverständliche wie seine Gedichte, sein verlogenes »Ich« und die symbolistischen Romane, mit denen er in die Weltliteratur einzugehen gehofft hatte: eine kindliche Leistung, die mich mit Schauder erfüllt, der sich zum Grauen steigert, wenn ich bedenke, daß eigentlich ein Buch es nur war, das ich wirklich liebte und wieder und wieder las: *Winnetou* 1. Band, eine Art Entwicklungsroman, der sich heute wie eine Parodie auf dieses Genre liest, da der Held, der da entwickelt wird, sich in jeder Beziehung als entwickelter erweist, als die, die ihn entwickeln sollen.

Das Rätsel, das vermutete Wirkung von Literatur aufgibt, wird beim Gedenken an Karl May mir noch rätselhafter. Nachwirkenden Einfluß scheinen die vielen tausend Seiten nicht ausgeübt zu haben. Was da an vulgarisiertem Nietzsche, an Kolonialideologie, an kleinbürgerlichem Ressentiment, an kuriosen Rassenvorurteilen und bismarck-deutschem Nationalismus auch drinstecken mag – es scheint mich nicht infiziert, eher immunisiert zu haben gegen großdeutschen Nationalismus und brutalen Rassismus. Sollte die, nach Arno Schmidt, das gesamte

Werk latent durchsetzende Homosexualität ihre Samen in mich geworfen haben – aufgegangen sind sie nicht. Von ihrer Flucht- und Schutzfunktion abgesehen, wäre diese enorme Leseanstrengung gänzlich wirkungslos geblieben, wenn sie nicht ihren Wert in sich selbst hätte, als Übung und als Erlebnis der Vervielfältigung des Ichs, das nach Wiederholung drängte.

An Karl May habe ich lesen gelernt, im schulmäßigen und im literarischen Sinn. Die ersten Seiten im *Winnetou* waren die ersten Buchseiten überhaupt, die ich allein las. Mit vielen Fremdwörtern, fremden Namen und Begriffen war das der richtige Stoff für Lernanfänger nicht, aber literarisch war May eine gute Schule, weil er es einem schwer machte. Bei ihm lernte man, daß Lesen nicht so einfach ist und daß Vergnügen sich dabei oft erst einstellt nach intensiver Bemühung. Die wichtigste Erkenntnis aber war, daß auch Göttern, die wir uns aufrichten, um sie anbeten zu können, die Zeit bemessen ist, daß sie wie alles vergehen, und deshalb Skepsis nötig ist und kritische Wachsamkeit.

Die Mehrzahl meiner Jahre mit Karl May waren Jahre mühsamer Abwehr der Kritik an ihm, aus der langsam kritische Abkehr wurde. Als ich auf dem Höhepunkt der Verehrung, mit neun, zehn Jahren, erfuhr, daß alles, was er als Selbsterlebnis ausgab, erlogen war, entsetzte mich das, sofort aber pries ich die Stärke seiner Phantasie. Bei der Suche nach Argumenten gegen seine Verleumder entdeckte ich die Nützlichkeit von Sekundärliteratur und lernte Bibliotheken benutzen. Um Mittel zu seiner Verteidigung zu finden, prüfte ich seine geographischen und historischen Angaben und rühmte mich, besser als jeder andere Bescheid zu wissen über die Wüsten Neu-Mexikos, über die Kordilleren und das Land der Skipetaren, über Juarez und Maximilian, den Alten Dessauer und die heiligen Stätten des Islam. Schon fand ich es lächerlich, daß früher oder später sich jeder seiner Wildwest- oder Orienthelden als Mann ursprünglich deutscher, meist sogar sächsischer Abkunft entpuppte, erlaubte aber keinem andern, das lächerlich zu finden. Schon las ich Cooper und stellte fest, wie May ihn ausgeschlachtet hatte, schon ärgerte ich mich über die Unfehlbarkeit von Held und Autor, verfluchte ständige Wiederholungen, fand aber immer ein Trotzdem – bis eines Tages auch das wegfiel und die Schule der Kritik abgeschlossen war. Ein Idol war gestürzt, seine Trümmer blieben als Mahnmale erhalten. Der Vorgang brauchte nicht wiederholt zu werden.

Mein Verhältnis zur fiktiven Literatur blieb damals lange gestört. Ein Jahr noch versuchte ich, Karl May über seinen Tod in mir hinaus die Treue zu halten, indem ich mich mit Kultur und Geschichte der nordamerikanischen Indianer beschäftigte, wobei mein erstes eigenes schriftstellerisches Produkt entstand: die Beschreibung der Indianerschlacht bei Tippecanoe im Jahre 1811. Da war ich schon 14 oder 15 und lebte mein Leseleben noch immer unabhängig vom äußeren, das vorwiegend in Luftschutzkellern und Evakuierungslagern ablief.

Ich hatte nun die Sachliteratur entdeckt, las Reiseberichte, Biographien, Historisches und schließlich auch Literaturgeschichte, über die ich mich mit einem Gewaltakt wieder der schönen Literatur näherte. In einem Kontobuch, dessen Großformat schon die Riesenhaftigkeit der Aufgabe dokumentierte (für Indianerforschung hatte ich nur Vokabelhefte benutzt), entwarf ich einen auf drei Jahre berechneten Plan, der mir die deutsche Literatur erschließen sollte. Er begann mit Lessing, führte über Schiller und Goethe seltsamerweise zu Grillparzer und Hebbel und enthielt nur Dramen, allerdings sämtliche der genannten Autoren. Als ich in einem Viehwagen von Neuruppin an die Front transportiert wurde, war ich bei *Maria Magdalene* angelangt, von der ich (vom Schlußwort abgesehen: »Ich verstehe die Welt nicht mehr!«) genau so viel begriff, wie von allen Dramen zuvor, nämlich nichts.

Zum Erlebnis war mir in dieser Zeit, schlechten Gewissens gelesen, nur außerplanmäßige Literatur geworden: ein paar Gedichte von Goethe, Mörike, Storm und Holz; Eichendorffs *Taugenichts* und eine Zeile von Rilke: »Wer spricht von siegen, überstehn ist alles«. Zweigs *Grischa*, den ich während des

Zwangsaufenthalts in einer Berliner Flakstellung gelesen hatte, war kein literarisches, sondern ein politisches Ereignis für mich geworden. In Dichtung suchte ich damals Bestätigung eigner Gefühle; dort aber wurden mir Erkenntnisse aufgedrängt, nach denen ich nicht gefragt hatte.

Daß dann schließlich Literatur und Wirklichkeit, Dichtung, Politik, Gefühl, Schönheit, Erkenntnis in eins zusammenfielen, geschah noch im selben Jahr, und zwar beim Lesen handgeschriebener Auszüge aus *Hyperion*, wo nicht nur der Aufschrei, der mir in der Kehle saß, anläßlich der Reise zu den Deutschen artikuliert wird: »... aber keine Menschen!«, sondern auch der Staat in seine Schranken verwiesen wird: »Man nehme sein Gesetz und schlag es an den Pranger.« Aber das ist dann schon eine Geschichte für sich.

Lukas Hammerstein

Staat machen

Mein Vater liebte Bücher, unser Elternhaus war voll davon. Daß er Strafverteidiger war, hinderte ihn nicht, von der Antike zu träumen. Er liebte die alten Sprachen, und es war klar, daß wir alle aufs humanistische Gymnasium gingen. Wir lasen Homer, Cicero. Ich hatte Glück, ich mochte Latein, ich liebte Griechisch. Zum 13. oder 14. Geburtstag bekam ich von meinem Vater eine Platon-Gesamtausgabe. Ein halber Meter Paperback in orangebraunem Karton. Ich las sie alle, die frühen, die Meister-, die späten Dialoge. Ich weiß nicht mehr, was ich beim *Phaidon* dachte, beim *Gorgias*. Ich erinnere mich, daß mich der als öde geltende *Staat* fesselte. Ich hatte von Magna Graecia gehört und Platons utopischem Versuch, dem grandios gescheiterten Staat der Philosophen.

In der Schule haben wir Goethe und Schiller gelesen, natürlich, es ist mir nur nicht so präsent, schon weil ich sie dann immer wieder mal las. Ich kann ein taubes Gefühl wachrufen, nach hundert Seiten *Wallenstein*, das sich wie Nebel im Kopf breitmachte. *Faust* war wie eine Feuerqualle am Strand, selbst Kleist fiel mir schwer, erst im Theater lernte ich diese Dinge auch schätzen. Dabei war unser Deutschlehrer ein engagierter Mann. Ich mochte ihn, verlor ihn aber nach dem Abitur aus den Augen. Jahre später nahm er sich im Unterricht mit seinen Schülern mein erstes Buch vor. Er ist im Atlantik ertrunken.

Meinem Patensohn habe ich zum 15. Geburtstag eine handgemixte CD mit Hip-Hop und den *Robinson Crusoe* geschenkt. Er hat das Buch gelesen, obwohl oder weil es ein Klassiker ist, schwer zu sagen. Im Jahr darauf fiel meine Wahl auf *Moby Dick*, in der Hörspielfassung, das war schön beiläufig.

Der größte Leser derzeit ist mein Neffe. Er ist jetzt neun. Seit er lesen kann, verschlingt er ein Buch nach dem anderen, als ginge es darum, einen Lesemarathon zu gewinnen. Er sitzt sich selbst genug am Tisch, abends kriecht er mit der Taschenlampe unter die Bettdecke. Fragt man ihn, was er liest, erzählt er atemlos die ganze Geschichte. Selbst dicke Bücher halten bei ihm nur ein paar Tage. Ihm kann ich alles zu lesen geben. Mit den Jugendbüchern aus meinem Kinderzimmer fing es an, sieben Bände über das Leben des Häuptlingssohnes Harka, *Die Söhne der großen Bärin*. Das Buch, das ich ihm dann kaufte, war die *Schatzinsel*, einen Tag hat er dafür gebraucht. Das nächste könnte *Don Quijote* sein, oder *Feuerrauch und Pulverdampf*, einer meiner alten Western-Schundromane von Christopher S. Hagen. Er würde beides lieben.

Marlene Streeruwitz

Ovid.

Allein daran zu denken, löst einen Entfremdungsschreck aus. Jahr um Jahr wurden Texte durchgearbeitet und keine Erinnerung. Ja. Nicht einmal die Sprachen blieben zu irgendeiner Verfügung. Dafür die Spaltung in die Weltbilder. Antike und Christentum. In Latein das ererbte Göttergewirr und die Göttinnen und die Welt geboren. Von Frauen. In Religion dann die andere Schöpfungsgeschichte. Der Vater und die böse Eva und die Geburt als Strafe für Ungehorsam.

Im Leben war der Weg umgekehrt zur Geschichte gewesen. Die christliche Schöpfungslehre war vor den rationalistischen Erklärungen eingeprägt. Die Antike kam als Arabeske daneben hin. Nach den Kriegen Cäsars und der Rhetorik Ciceros dann Ovid. Wie es sich für die 60er Jahre gehörte, geschah das alles kommentarlos. Nie wurde benannt, was da unterrichtet wurde. Nie wurde verglichen oder im Vergleich gewertet. In vollkommener Verwirrung saß frau in den einzelnen Stunden. Die Frage, wie das alles zueinander stand. Sie wurde nicht gestellt. Niemand kam in die Nähe von Zusammenhängen. In immer gleichem Dozierton wurden die Fächer abgespult. Und das waren sie ja auch. Fächer, in die gebannt sich alles entfaltete. Vom Beginn der Welt bis zur Gegenwart. Religion. Biologie. Physik. Geschichte. Chemie. Gerade Bahnen waren das. In sich geschlossene Erklärungen. Junklogik darin. Zusammenhangloses Wissen wurde angesammelt, das sich bindungslos auch gleich verflüchtigte. Systematische Entfremdung führte zu systemischem Desinteresse. Schon dem kleinen Mädchen anerzogene Anpassungssehnsüchte wurden noch einmal gegen die junge Frau gerichtet. Fragen. Spekulationen. Unsicherheiten. So eine Mädchenklasse wurde von den Unterrichtenden herablassend genug behandelt, um zu lernen, daß es irgendwo Bessere gab, die mit dem Gelernten etwas anfangen konnten. Und daß es einer nicht zustand, die Fragen zu stellen. Und der Deutschlehrer sprach es ja auch aus. Könnte er doch an der Bubenschule unterrichten, seufzte er den Auserwählten zu, die sich in das Literaturlesen am Nachmittag getrauten.

Ohne Fragen gibt es keine Antworten. Aber. Es gibt dann auch keine Antworten und die Festlegungen daraus. Das Jahr mit Ovid. Das Schuljahr 1966/67. Das erste Mal wurde die Zeit zum Stillstand gebracht. In den Lateinstunden. Die Sprache erwies sich das erste Mal als Mittel, einen Kosmos zu entschlüsseln. Einen Kosmos, der in sich verwirrend genug, verständlich war. Ein Kosmos, in dem das Geschlecht regierte und alle Geschlechter zur Erscheinung kamen. Es stellte sich heraus. Geschlecht war Auslegung. Was in einem Bereich Pornographie war, konnte anderswo Idylle bedeuten. Das Fluten begann. Mit der Lektüre Ovids begann das Fluten und die Auflösung. Mit Ovid war lernbar, daß das Leben wichtig war. Nur leben.

In allen anderen Bereichen hatte der Austrofaschismus und der Nationalsozialismus nachgewirkt. Immer war es darum gegangen, das eigene Leben unter ein Ziel zu ordnen. Sich selbst überwindend sollte in Sport und spirituellem Leben Höheres erreicht werden. Der Körper überwunden und zu Höchstleistungen im Sport. Der Körper und seine Anfechtungen in ein heiliges Leben überwunden und der Religion unterstellt. So, wie frau da gewesen war. So war es nicht richtig. Wegen des Frau Seins dann gleich noch einmal. Andere Karrieren boten sich nicht an. Wissen. Lernen. Wie gesagt. Seufzende Lehrer, die sich in die Männergesellschaft zurückwünschten.

Mit Ovid. Das Lernen konnte ins Strandbad verlegt werden. Das Daliegen selbst konnte im Text wiedergefunden werden. Und die Selbstverständlichkeit des Seins in der Natur. Ruhe. Beschaulichkeit. Und selbstverständliche Begierde. Verzweiflung und Haß auf die hindernden Umstände. Neben der kanonischen Auslegung gab es eine persönliche. Die Gefahren der Welt und die Lust daraus. Mir brachte das Ovid bei. Und in der Genauigkeit der erzwungenen Beschäftigung im Lateinunterricht ein Verständnis von Textkörper und der Komplizenschaft des Lesens überhaupt. Und. Daß das kühle Fächeln eines Winds durch die nassen Haare. Daß das Gegenstand sein konnte. Daß das Gegenstand war. Nicht über sich hinausweisend und nur sich selbst bedeutend. Der katholische Anspruch, sich einem Ideal anordnen zu müssen, war in die antike Vorstellung der verlorenen Person zerbrochen worden. Die Erotik hatte den Sieg davon getragen. Und mit Ovid. Verwandlung konnte als Prinzip gelernt werden und das unverwandte Schauen eines Gottes. Gegen das Fächeln des Winds in den nassen Haaren.

Gregor Hens

Wernher der Gärtner, ›Meier Helmbrecht‹

Ich hatte vier Wochen im Haus eines Freundes in der lautlosen, verdorrten Landschaft des Cilento, etwa zweieinhalb Autostunden südlich von Neapel, verbracht und wartete nun, in einem leichten Korbsessel vor und zurück schaukelnd, darauf, abgeholt zu werden. Ein Fahrer war bestellt, der mich nach Neapel zum Flughafen bringen sollte. Ein Koffer und eine mit vielen überflüssigen Schlaufen und Gurten bestückte Reisetasche standen fertig gepackt an der Eingangstür. Die Türen zu den Zimmern waren geschlossen, und die Stecker des Fernsehers und der Lampen waren herausgezogen. Ich hatte die Jalousien im Wohnzimmer zur Hälfte heruntergelassen. Wände, Möbel, Boden – alles war bekleckert mit blauem Licht. Von der sirrenden Hitze des Mittags war wenig zu spüren. Wie immer, wenn ich nach einer Zeit der Ruhe und der Einkehr, nach einem vorübergehenden Rückzug aus der Betriebsamkeit, nach Deutschland zurückkehre, erfasste mich auch diesmal ein Gefühl der inneren Abwehr. Gleichzeitig freute ich mich auf einige mir wichtige Menschen, die ich länger nicht gesehen hatte, auf das Sprechen überhaupt (ich war nur alle paar Tage zum Einkaufen in den Ort gegangen und hatte dort sehr kurze, unbeholfene Gespräche geführt), ich hatte große Lust, ins Kino zu gehen und von meinem Fenster aus den an- und abschwillenden Geräuschen der Stadt zu lauschen. In den Händen hielt ich einen dünnen Stapel kopierter Blätter, eine 1924 bei Niemeyer in Halle in vierter Auflage erschienene Ausgabe des *Meier Helmbrecht*, einer Verserzählung über einen Bauernsohn, der zum Raubritter wird. Ich hatte den Text im Studium gelesen, doch er war mir nicht mehr präsent. Ich erinnerte mich nur an die etwas komplizierte Datierungsfrage (die Experten haben sich inzwischen auf den Zeitraum von 1250 bis 1275 geeinigt) und die Spekulationen der Altgermanisten über die Person des Dichters, der sich im Text selbst als Wernher der Gartenære bezeichnet. In diesem Kontext begegnete mir zum ersten und letzten Mal das Verb *verselbigen*. Denn ein Wissenschaftler hatte behauptet, der Autor des *Helmbrecht* sei identisch mit dem bekannten österreichischen Spruchdichter Bruder Wernher, Wernher der Gärtner sei also mit seinem Namensvetter zu *verselbigen*. Was ich nun las, während ich auf den Fahrer wartete, überraschte und erfreute mich in einer Weise, dass ich nicht nur meine Irritation überwand, die aus einer mit Erwartung unglücklich verschmolzenen Bedrückung entstanden war, sondern darüber hinaus meine schwelende Sorge um die pünktliche Ankunft am Flughafen vergaß. Helmbrecht, Sohn eines Bauern, erhält als Geschenk eine wunderbare, von einer gefallenen Nonne mit allerlei Motiven bestickte Seidenmütze, die der Dichter in allen Einzelheiten liebevoll beschreibt. Die Stickereien zeigen, wie Trojas Mauern fallen, wie Äneas auf einem Schiff entkommt und wie Karl, Roland, Turpin und Olivier die Heiden der Provence bekämpfen und Arles einnehmen. Auf der Mütze zwitschern Sittiche und sterben Hunnenprinzen. Hinter dem rechten Ohr fällt Diether von Bern, Theoderichs Sohn, und oberhalb des Nackensaums tanzen Ritter, Edelfräulein und Kinder einen Reigen. Die Pracht dieser Bilder – so nah an seinem Kopf – steigt dem Bauerntölpel tatsächlich zu Kopfe! Er besteht auf einer vollständigen Ausstattung, bekommt von seiner hörigen Mutter eine passende Jacke, lässt sich von seiner Schwester feine Wäsche nähen, wobei vermutlich die Aussteuer draufgeht, und redet auf seinen skeptischen Vater ein, bis der seine halbe Herde verkauft, um ihm einen Hengst zu schenken. Der Vater versucht noch ein letztes Mal, seinen Sohn zur Vernunft zu bringen: Er solle bescheiden bleiben, den Hof übernehmen, sich nicht mit Räubern und Säufern einlassen. Aber es nützt nichts. Helmbrecht will das gute Leben: »Du solt trinken, vater mîn / wazzer, sô wil ich trinken wîn.« Höhnisch behauptet er noch, sein wahrer Vater sei ein durchreisender Römer gewesen, und schließt sich den Raubrittern an. Der Junge nennt sich von nun an Schlintesgäu, und dieser Name ist Programm, denn er verschlingt und verwüstet den ganzen Landstrich. Er raubt und mordet, vergewaltigt wohl auch das ein oder andere Mädchen. Und er säuft. Immerhin kommt er in der Welt herum. Als er nach einigen Jahren am Helmbrechtshof Halt macht, erkennen sie ihn nur, weil er ihnen die Namen der Kühe in dem kleinen Gutshof nennt. Denn er gibt sich als Kosmopolit, er grüßt mit »dobra ytra«, spricht Französisch und (fehlerhaftes) Flämisch. Das soll unser Helmbrecht sein? Eltern und Schwester sind beeindruckt. Und so lässt er sich eine Woche feiern und durchfüttern, bis er, durch die Beschwichtigungsversuche des Vaters beleidigt, wieder loszieht. Vorher gibt er seinem Vater noch zu verstehen, dass er nicht eingreifen werde, sollte es seinen Freunden in den Sinn kommen, den Hof zu überfallen. Seine Schwester Gotelind nimmt er gleich mit – sie soll die Braut seines besten Freundes werden. Auf der Hochzeit, einem wilden Besäufnis, erscheinen schließlich die Schergen und verhaften die ganze Bande, die überhaupt keine Zeit hat, sich zur Wehr zu setzen. Neun von ihnen werden gehängt, der zehnte ist dem Brauch nach verdammt zu leben. Es ist Helmbrecht. Man sticht ihm die Augen aus und amputiert ihm Hand und Fuß. So humpelt er gedemütigt und geblendet zum Helmbrechtshof, wird von seiner Familie wiederum nicht erkannt, und, als sie schließlich verstehen, wen sie vor sich haben, bald davongejagt. Hier enden die Parallelen zur biblischen Geschichte vom verlorenen Sohn. Denn Helmbrecht zeigt keine Reue. Ihm wird nicht vergeben. Als er in einem Feld von einigen Bauern entdeckt wird, denen er in seinen Raubritterjahren Vieh gestohlen hat, wird er schließlich doch noch aufgeknüpft, aber erst, nachdem man ihm die Mütze in Fetzen gerissen hat. In der Ferne hörte ich ein Motorengeräusch, das nun lauter wurde, bis schließlich in der Auffahrt der Kiesel knirschte. Helmbrechts mal satirische, mal abenteuerliche Geschichte, die kräftige, klare Sprache, vielleicht auch meine langsam aufkommende Erinnerung an die erste, staunende Begegnung mit dem Text, hatten mich so in den Bann gezogen, dass es mir schien, als erwachte ich aus einem komplizierten Traum.

Ich legte die kopierten Seiten auf eine Anrichte und öffnete die Haustür. Wie überrascht war ich, als ich, nachdem sich meine Augen an das grelle Licht gewöhnt hatten, statt des erwarteten Fahrers meinen Freund sah. Er sprang förmlich aus dem Auto, kam lachend auf mich zu und begrüßte mich mit der Nachricht, ich müsse meine Abreise um einige Tage verschieben. Er habe sich spontan entschieden, mir entgegenzukommen. Er wisse ja, dass ich erst Mitte des Monats wieder in Deutschland sein müsse. Er legte seinen Arm um meine Schulter, führte mich in das so verlassen wirkende Wohnzimmer und fragte, was ich denn getrieben hätte. Ob ich ihm meine Arbeit zeigen werde. Es fiel mir schwer zu sprechen. Er zog die Jalousien hoch und öffnete die Schiebefenster, dass ein warmer Luftzug hereinstieß. Dann warf er einen kurzen, beinahe verächtlichen Blick auf mein bereitstehendes Gepäck. Ich erzählte schließlich, während er so von einem Fenster zum nächsten ging und sein Haus wieder in Besitz zu nehmen schien, von dem Bauernsohn mit der prächtigen Mütze. Ich beschrieb ihm jedes Detail, ließ keine Episode aus, keine Wendung in dieser kleinen Geschichte. Ich redete mich in einen Strom hinein und schien das Ganze bald selbst erfunden zu haben, es war, als wäre ich selbst ein fahrender Spielmann, der unter der Dorflinde seine moralischen Geschichten zum besten gab, bis mein Freund unterbrach und wissen wollte, wer denn der Autor dieser Erzählung sei. Wernher der Gärtner, sagte ich, und erklärte ihm die Bedeutung des Wortes *verselbigen.* Er lachte und schlug vor, zu einem in der Nähe gelegenen agriturismo zu fahren, um eine Kleinigkeit zu essen. Wir verbrachten noch einige angenehme Tage in dem Haus, bis ich meine Abreise nicht weiter herausschieben konnte. Ich werde immer, wenn ich den *Helmbrecht* zur Hand nehme, an meinen Freund denken, der mich in dieser Weise übertölpelte, und an den blauen Schein der unnötigerweise auf halbe Höhe herabgelassenen Jalousien.

Robert Gernhardt

Petrarcasonett

Ein Akrostichon

Petrarcagleich ist sie gestimmt. Der Leier
Erhebend Spiel soll laut von Lauren künden,
Traumbild der Nacht, um dann im Tag zu münden,
Rauschüberglänzt. Ein Nachhall jener Feier,

An deren Anfang jeder Braut ein Freier
Reseden schenkt, in die gleich frommen Sünden
Christrosenrot sich mischt, aus dessen Schlünden
Aroma bricht von Weihe und von Weiher.

So war's geplant. Doch was taugt Dichters Streben
Ohn' allen Beistand hilfsbereiter Musen?
Nicht einen Heller. Nicht mal einen Groschen.

Es ging gut los. Und endet so daneben.
Tut mir echt leid. Ich mag nicht länger zusehn.
Troll mich davon. Und halt fortan die Goschen.

Christina Griebel

Doktor Johannes Faust
Nach Knittlingen

Zuletzt mussten wir in fächerübergreifenden Projektgruppen etwas erarbeiten. Ein Aushang, der eine Verbindung zwischen Fehlzeiten nach den Lehrproben und der angespannten Einstellungssituation herstellte, regte zur aktiven Teilnahme an. Man konnte wahlweise an der Installation eines Schneideprogramms auf den seminareigenen Rechnern mitwirken, eine Wandzeitung über Kompostwürmer gestalten, im Gymnastikprogramm »Bewegte Schule II« isometrische Übungen erlernen oder selbst einen Vorschlag unterbreiten, sofern einer der Dozenten sich zur Mitarbeit bewegen ließ. Ich liebäugelte mit dem Gedanken, mir die Weisheitszähne ziehen zu lassen.

Statt dessen habe ich Knittlingen gesehen. Simone, mit der ich seit der Fortbildung zum darstellenden Spiel gern kooperierte – unsere Augen trafen sich damals, als die Partnerwahl für eine Kontaktimprovisation mit Holzschwertern angeordnet wurde –, nahm mich gerade noch rechtzeitig beiseite: Wir müssen uns Herrn Lingner als Gruppenleiter sichern und ein Thema aussuchen, das so unattraktiv klingt, dass sich außer uns beiden nur Carl-Heinz auf der Liste einträgt. Carl-Heinz war ein belesener, doch etwas steifer Referendar mit sauber gefeilten Fingernägeln, der an seiner Schule in Heidelberg über das Deputat hinaus eine Altgriechisch-AG leitete. Simone hatte sexuelle Phantasien, in denen Carl-Heinz eine Rolle spielte; sie nahm an seinem Altgriechisch teil, so gut es eben ging. Johann Jakob Lingner indes war der dienstälteste Fachleiter und durfte den mittlerweile gänzlich verschwundenen Titel eines Gymnasialprofessors führen. Er unterwies ein eingeschworenes Grüpplein, vor dem ich mich drückte, an jedem Donnerstag Abend im Atmen und Sprechen, danach eilte er heim, zu seiner Mutter, wie man munkelte, und nicht nur das, deshalb sei er auch nicht mehr in der Schule, die Funktionsstelle eine Nische für den Armen, andere hätte es schlimmer getroffen. Ich hatte somit den Kürzeren gezogen und durfte das Thema festlegen: Fächerverbindende, jahrgangsstufenübergreifende Faust-Lektüren unter Ausschluss handlungs- und produktionsorientierter Ansätze mit besonderer Berücksichtigung des Puppenspiels von Karl Simrock, schrieb ich auf einen Zettel, Dozent Lingner, Treffpunkt, Dauer, Unkostenbeitrag für Exkursion nach Knittlingen, Turnbeutel nicht nötig, darunter viel Platz und ein paar selbstgemachte, im letzten Moment wieder ausgestrichene Anmeldungen. Trotzdem standen am bezeichneten Morgen noch zwei namenlose Hühner da, für die kein Platz im Auto war. Nach einigem Hin und Her entschieden sie sich für die Gruppe Kompostwurm und wir konnten losfahren, Simone saß mit Carl-Heinz hinten, ich fuhr, Herr Lingner las die Karte und die Stimme zur Linken, hinter Grötzingen durchs Walzbachtal über Jöhlingen, Wössingen, Dürrenbüchig und Rinklingen nach Bretten, von dort ist's ein Katzensprung, Knittlingen, Maulbronn, *verlass das Studium der Theologie / Und ergib dich dem Studium der Magie. / Wenn du glücklich willst auf Erden / Und im Wissen vollkommen werden.*

Nein, in Knittlingen ist nichts geschehen, Knittlingen ist ein Dorf, ob Fausti Hirn nun dort an der Wand klebete (es lagen auch seine Augen und etliche Zähn allda, ein gräulich und erschrecklich Spectakel) oder anderswo, in Knittlingen gibt es rote Geranien, Fachwerk und, zur Jahreszeit, Spargel, in Knittlingen steht das Fausthaus, in Knittlingen sind Simone und Carl-Heinz sich nicht näher gekommen, Simone hat mittlerweile nach harten Jahren in Mühlacker eine Stelle als Studienrätin am Hegel in Karlsruhe, Carl-Heinz – er las die Stimme zur Rechten, *(diskant) Faust! Faust! Lass dich nicht verblenden! / Ergib dich nicht der Magie / Bleib bei der Theologie, / So wird noch alles glücklich en-*

den wurde zuletzt am Heiligen Grab in Baden-Baden gesehen. Herr Lingner soll alt geworden sein, sich aber immer noch sehr aufrecht halten; Simones Lebensgefährte, Schüler Lingners aus einer ganz anderen Zeit, hat ihn einmal aufgesucht und gefragt, warum er, ausgerechnet er, der doch für ein Leben aus Sprache geschaffen sei, nicht schreibe? Und Johann Jakob Lingners Antwort, mir von Simones Lebensgefährten bei einem Treffen, von dem Simone besser nichts erfährt, in der gleichen labialen Übertriebenheit wiedergegeben: Ich habe der Welt nichts mitzuteilen. Warum sie mir den Doktor Faust zuschusterten, *Keinen heilen Rock hab ich mehr am Leibe / Und weiß vor Schulden nicht, wo ich bleibe* und wer eigentlich den Kasperl übernommen hat, ich weiß es nicht mehr genau, *Sauerkraut und Rüben / Die haben mich vertrieben, / Hätt meine Mutter Fleisch gekocht / So wär ich bei ihr geblieben*. Es gab die vier Stimmen im roten Polo, von Herrn Lingner bisweilen durch Vokalübungen unterbrochen, mit vorangestelltem Hauchlaut, hu, ho, ha, he, hi oder Reiblaut, fü, fö, fä, fei, feu, hernach wird der Vokalton ohne Vorspann weich angesetzt, löst sich von den Stimmlippen ohne Nachdruck, er muss ruhig sein, darf nicht flackern, zittern, bibbern. Es gab die vier Stimmen auf einer Bank unter Geranienkästen, *Apage pessime spiritus / Wie heißest du denn, Ultimus? / Achter Geist Mephistopheles*. Es gab vier Stimmen, die den Spargel im Goldenen Bock lobten. Und es gab die beiden Stimmen auf den knarzenden Dielen des mit rustikalem Mobiliar, geschnitzten Spielpuppen, Fotografien und nachgemachten Traktätlein vollgestopften Museums, Simone und Carl-Heinz verschwunden, Herr Lingner stand sinnend unter an Fäden von der Decke hängenden Teufeln, sprach

Er von der Hellen und ihrer Spelunck, sprach

Ich scheu von Doktor Faustus, und dass, der hier baumelt, bei Mann so nah rückt, oder sollte man sagen: kriecht, nein, eigentlich war er immer schon da, so entsetzlich nah, auf dem Sofa, im Dämmerlicht mit rötlichem Haar, geröteten Augen, mit quer gestreiften Trikothemd, der karierten Jacke, den vertragnen

Schuhen, die man nicht länger putzen kann. Ein Strizzi –
Er, Lingner (ehrfürchtig) ein Ludewig,

der seinem Vertragspartner nur noch die Konfirmation abnimmt, die Taufe ist längst schon geschehen, Potz hundert Gift. Wir fuhren nach Maulbronn weiter, obwohl die Exkursion um fünf hätte enden sollen, umkreisten das Brunnenbecken im Klosterhof, wollten nicht heim, zumindest Lingner und ich, auf dem Gang blinzelten wir uns manchmal noch zu, aber nicht mehr oft, ich bin fort. Ein Traum verfolgt mich seit Jahren: Dieser gedrungene, rötlichblonde Mann mit dem Schnurrbart und den gelockten, karottenroten Koteletten, dem ich ein Dorn im Auge bin, er hat sich von einer Behörde meinen Marktwert ermitteln lassen. Das ist möglich, das ist rechtens, dagegen kann ich nichts unternehmen und er ist nun im Besitz von Daten, die er nach Belieben gegen mich verwenden kann. Ich sehe ihn vor Vorträgen und Seminaren, an Pforten, in Gängen, Aulen und Vorhallen, immer der mit den rötlichen Haaren in der Menge, immer ist er schon da und immer bin ich in Angst, er hat alles in der Hand und ich habe Schuld daran, weil ich es nicht verhindern konnte. Er trägt eine Art Hemd oder T-Shirt aus Postsackstoff (grobes, schmutzigweißes Leinen), das mit Buchstaben bedruckt ist. Einige fehlen.

Alberto Manguel

Tagebuch eines Lesers [Januar]

Mittwoch
Völlig überraschend bekomme ich einen Brief von Professor Isaías Lerner aus New York. Er war einer von vielen Lehrern spanischer Literatur meiner Gymnasialzeit, aber mit Abstand der beste. Er sah eine Veröffentlichung von mir und beschloss, nach all den Jahren Kontakt mit mir aufzunehmen. Ich muss fünfzehn gewesen sein, als ich Unterricht bei ihm hatte. Ein ganzes Jahr lang studierten wir den *Lazarillo*, die *Celestina*, *Das Buch von rechter Liebe*, aber gelangten nie bis zum *Don Quijote*, weil uns Lerner in liebevoller Detailbetrachtung durch die Bücher führte, mehr an der Vertiefung als an der Erfüllung des Pensums interessiert. Ich fand jedoch heraus, dass er *Don Quijote* in einer anderen Klasse behandelte und schlich mich dort ein, um ihn zu hören. Im Sommer darauf nahm ich eine zweibändige Ausgabe des Romans mit in die Ferien und verbrachte alle drei Monate in seiner Gesellschaft.

Der Lektüre in der Klasse zu folgen oder das Buch für mich allein zu lesen, unter den Bäumen, das waren zwei völlig unterschiedliche Erfahrungen. Zum Beispiel erinnere ich mich an Lerners sorgfältigen Kommentar zu Don Quijotes Bibliothek, die vom Pfarrer und vom Barbier zugemauert wird, um den Ritter von weiteren Narrheiten abzuhalten. Beim Alleinlesen brach ich fast in Tränen aus, als der alte Ritter aus dem Bett stieg und nach seinen Büchern suchte, aber den Raum nicht wiederfand, in dem er sie aufbewahrte. Das war der perfekte Albtraum für mich: aufzuwachen und festzustellen, dass meine Bibliothek verschwunden war, dass ich nicht mehr der war, für den ich mich gehalten hatte. Gregor Samsa fügt sich in sein Schicksal, in den Verlust seiner selbst; doch um ganz der alte Don Quijote bleiben zu können, akzeptierte der Ritter tapfer die Erklärung, dass ein böser Magier seine Bibliothek fortgezaubert hätte. Indem er den Schwindel glaubt, bleibt er seinem Selbstbild treu.

Als ich 1973 für ein Jahr nach Buenos Aires zurückkehrte, waren die Bücher, die ich zurückgelassen hatte, nicht mehr da.

Freitag
Don Quijote will um seiner selbst willen rechtschaffen sein, nicht aus Achtung vor menschlichen oder göttlichen Gesetzen. »O Herr! Gib mir die Kraft und den Mut/mir ohne Abscheu auf Herz und Leib zu blicken!« Baudelaires Gebet bringt Don Quijotes Ethik auf den Punkt.

Der chassidische Oberrabbiner David von Lelow, der 1813 starb: »Das Gewebe gerechter Taten hält die Welt zusammen und verwandelt sie in Gold.« Don Quijote: »Sancho, mein Freund, wisse, dass ich auf des Himmels Geheiß in diesem unserem eisernen Zeitalter geboren wurde, um im Zeitalter des Goldes oder dem Goldenen Zeitalter, wie es oft genannt wird, wiedergeboren zu werden.« Für die Chassidim ist das Fortbestehen der Welt gerechtfertigt durch die sechsunddreißig rechtschaffenen Männer, die als *Lamed Wufniks* bezeichnet werden und deretwegen Gott die Menschheit nicht vernichtet. Don Quijote macht sich auf, um als rechtschaffener Mensch zu handeln – in einer Welt, die vom Unrecht beherrscht wird.

In der heutigen Zeitung weitere Hinweise, dass ein Krieg in Irak unvermeidlich ist. Ein irakischer Freund fragt: »Was bleibt denn übrig angesichts der Greueltaten Saddam Husseins, des Extremismus der religiösen Führer und der wirtschaftlichen Gefräßigkeit der USA? Wir haben die Wahl, ob man uns köpft, steinigt oder beim lebendigen Leibe frisst.«

Sonnabend
Beim Lesen des *Don Quijote* lenkt mich die von Cervantes geschaffene Welt so sehr von der Handlung ab, dass ich kaum auf sie achte. Die Landschaft, durch die die beiden Abenteurer reisen, ihre täglichen Streitigkeiten, ihre Leiden, ihr Pech, ihr Hunger und ihre Freundschaft haben eine so reale Macht, dass ich ihren fiktiven Charakter vergesse und mich einfach ihrer Gesellschaft erfreue. Was als Nächstes passiert, lockt mich weniger als das, was gerade jetzt passiert. Manchmal geht es mir auch bei Joseph Conrad, Thomas Mann oder den Sherlock-Holmes-Geschichten so.

Lionel Trilling: »Alle Prosa ist eine Variation des Quijote-Themas.« Nur, wenn er mit »Thema« die Wirklichkeitsnähe und Wahrhaftigkeit der Prosa meint.

Mein Sohn Rupert erzählt mir wieder einmal, wie schwer es ihm fällt, an dem festzuhalten, woran er glaubt; das eine abzulehnen, das andere zu akzeptieren. Er ist erst zwanzig und wird ständig mit falschen Verlockungen konfrontiert, denen er widerstehen möchte. Ich stelle mir vor, er fühlt sich wie ein Schachspieler, der wissen möchte, wohin ihn sein Zug letztlich führt, aber nur die unmittelbaren Folgen voraussehen kann.

Don Quijote weiß, dass seine Taten Folgen haben, auch wenn sie ihm unsichtbar bleiben. Macbeths Dilemma: Er will, dass seine Taten keine Konsequenzen haben – die einzige wirkliche Unmöglichkeit.

Ein Freund in Buenos Aires hat mir von einer Frau erzählt, die im Café eines Tages neben dem Mann saß, der ihren Sohn gefoltert hatte. Das ist eine Konsequenz der argentinischen Weigerung, Gerechtigkeit zu üben. Wird sich das jemals ändern? Erst wenn die Straffreiheit für die uniformierten Mörder aufgehoben wird, denn diese infame Amnestierung vereitelt jeden Versuch, die soziale Ordnung wiederherzustellen. Keine Gesellschaft kann bruchlos existieren ohne eine gültige Rechtsordnung; sie muss Teil des gesellschaftlichen Selbstverständnisses sein, und ihre Mitglieder müssen an sie glauben, ob sie ihr folgen oder nicht. Und die Konsequenzen tragen.

Für Juan José Saer ist Don Quijote ein epischer Held, weil ihm egal ist, ob seine gerechte Mission glückt oder scheitert: »Das ist der wesentliche Punkt, den man festhalten muss«, sagte Saer, »dass die klare oder verschleierte Unvermeidlichkeit des Scheiterns allen menschlichen Handelns etwas ist, das grundsätzlich gegen die Moral des Epischen verstößt.« Vergleiche Stevensons Notiz: »Unsere Lebensaufgabe ist nicht der Erfolg, sondern das fortwährende Scheitern bei bester Gesinnung.«

Mysteriöserweise überlebt dieser Glaube an das Unausweichliche der Gerechtigkeit sogar, als der Held selbst sie nicht mehr befördern kann; der Glaube wird dann ansteckend und infiziert andere mit dem gleichen Gerechtigkeitseifer. Am Ende des ersten Teils, als Sancho Pansa seinen verwundeten Herrn nach Hause bringt, entsteht nicht der Eindruck eines Endes, sondern eher die Erwartung eines Neubeginns. Als sein Weib einen Umhang für sich und Schuhe für die Kinder verlangt, macht ihr Sancho Hoffnungen auf andere Belohnungen, die er vielleicht eines Tages, nach weiteren Abenteuern, für sie erringen wird. Das könnte bloße Gier sein, aber während Don Quijote geschwächt das Bett hütet und seine Nichte und sein Hausknecht die Romane verfluchen, die ihren Herren um den Verstand gebracht haben, greift Sancho Quijotes Ritter-Ethos auf und erzählte seinem Weib: »Es gibt nichts Vergnüglicheres auf Erden, als wenn man ein angesehener Mann und Schildknappe eines fahrenden Ritters ist, der auf Abenteuer auszieht.«

Schellings glänzende Beobachtung in seiner *Philosophie der Kunst* von 1802/03: »Das Thema im Ganzen ist das Reale im

Kampf mit dem Idealen. In der ersten Hälfte des Werks wird das Ideale nur *natürlich*-realistisch behandelt, d.h. das Ideale des Helden stößt sich nur an der gewöhnlichen Welt und den gewöhnlichen Bewegungen derselben, im anderen Teil wird es mystifiziert, d.h. die Welt, mit der es in Konflikt kommt, ist selbst eine ideale ... und so dass das Ideale in der Person des Helden, weil es da verrückt geworden war, ermattend unterliegt; dagegen zeigt es sich im Ganzen der Komposition durchaus triumphierend.«

Don Quijote als Lamed Wufnik.

Montag
Ich muss die Arbeit am Tagebuch unterbrechen, wegen einer Brotarbeit für eine gewisse Publikation.

Virginia Woolf über die Unmöglichkeit, eine Auftragsarbeit von 25 000 Wörtern Länge zu verfassen: »Ich glaube, ich habe auf folgende Weise bewiesen, dass dies wahr ist; die Demütigung, das heißt die hartnäckige Verweigerung des Gehirns & die Schinderei & die Überarbeitungen & die allgemeine Verzagtheit selbst bei 2000 Wörtern machen es nicht so sehr zu einer moralischen als vielmehr zu einer körperlichen und geistigen Tortur.«

Die Demütigungen des Handwerks: Ich rufe einen Illustriertenverleger an, zum sechsten Mal, um ein Honorar anzumahnen, das seit drei Monaten überfällig ist. Nach erneuten Ausflüchten fragt er: »Brauchen Sie denn die hundert Pfund wirklich so dringend?«

Dorothy Parker: »Die zwei lieblichsten Wörter der englischen Sprache lauten ›Scheck beigefügt‹.«

Abends
Eisiger Regen. C. macht Feuer, und wir hören Tom Jobim, der Vinícius spielt, ein Geschenk, das uns mein brasilianischer Verleger Luiz Schwarcz geschickt hat.

Über die Großzügigkeit: Der heilige Martin, Bischof von Tours, dem unsere Kirche geweiht ist, wird dafür gefeiert, dass er seinen Mantel zerschnitt und mit einem frierenden Bettler teilte. Don Quijote bemerkt dazu, dass es Winter gewesen sein muss, »sonst hätte ihm der Heilige, der so hilfsbereit war, den ganzen Mantel gegeben.« »Nein, das war gewiss nicht der Fall«, entgegnet Sancho Pansa. »Vielmehr hat er sich an das alte Sprichwort gehalten, das da sagt: ›Der Weise muss alt sein, der weiß, wann des Schenkens genug ist.‹«

Freitag
Etwas rumort schon die ganze Nacht im Verschlag. Zu viel für eine Maus, zu wenig für eine Katze. Ich setze mich auf und lausche. Dann gehe ich hinunter und sehe im Dunklen, wie die letzten Funken des Kaminfeuers verlöschen. Nach fünfzehn Minuten gehe ich wieder ins Bett. In meinen zwanziger Jahren konnte ich stundenlang bewegungslos dasitzen (im Café zum Beispiel), ohne zu lesen oder zu reden oder auch nur an etwas Bestimmtes zu denken. Jetzt fällt es mir sehr schwer, zu sitzen und *nichts* zu tun.

Petra von Morstein, *Vor dem Abend:*

> Ein Tag
> an dem ich nicht finden möchte.
> Ich müsste es aufheben
> und bewahren.

Im *Don Quijote* gibt es keine verschwendete Zeit. Beim Lesen von *Erec und Enide,* einem Roman von Chrétien de Troyes aus dem 12. Jahrhundert, stoße ich auf das Wort »récréantise«, das

»Entspannung« (*récréation*) mit »Beklommenheit« (*hantise*) zu kombinieren scheint und das der Kommentar als eine Art Schlaffheit, Schwäche, Nachlässigkeit definiert, die in mittelalterlichen Romanen als Laster gilt.

Sonnabend
Noch über Konsequenzen:
Es gibt Offenbarungen, die nicht für uns bestimmt sind. Chuang-tzu (der im 4. Jahrhundert v. Chr. das Denkbild vom Träumer ersann, der träumt, ein Schmetterling zu sein, und beim Aufwachen nicht mehr weiß, ob er ein Mensch ist, der träumte, ein Schmetterling zu sein, oder ein Schmetterling, der träumt, ein Mensch zu sein) schrieb diese Geschichte: Ein Sohn armer Leute fristet sein Leben als Perlenfischer. Eines Tages holt er eine prächtige Perle aus dem Meer, die tausend Goldstücke wert ist. Doch sein Vater, statt ihn zu beglückwünschen, befiehlt ihm, die Perle mit einem Stein zu zerschmettern. Denn, so erklärt er, eine Perle, die tausend Goldstücke wert ist, muss so einzigartig sein, dass sie nur in einer neun Klafter tiefen Schlucht unter dem Kinn eines schwarzen Drachen gelegen haben kann. Folglich konnte der Sohn die Perle nur wegnehmen, weil der Drachen geschlafen hatte. »O mein Sohn!« rief der Vater. »Stell dir vor, was geschieht, wenn der Drache erwacht!«

Sonntag
Als ich heute morgen den Kongress der Partei von Le Pen erwähnte, sagte Hubert Nyssen, mein französischer Verleger (der in der Résistance gekämpft hat): »Wir müssen wohl die alten Gewehre wieder rausholen.«

Elend in unserer Zeit: Laut *Le Monde* leben 53 Prozent der Londoner Kinder unter der Armutsgrenze. Was also ist zu tun? Das übliche Argument: Einem Bettler zu helfen ist sinnlos, weil es die Ursachen der Armut nicht beseitigt. Aber für Don Quijote gibt es keinen Zweifel, dass die direkte Aktion die einzig richtige ist.

Auf seinem ersten Streifzug als Ritter hört er jämmerliche Schreie und erblickt einen Jungen, der an einen Baum gebunden ist und von einem Bauern ausgepeitscht wird. Don Quijote gebietet dem Mann Einhalt. »Zuchtloser Ritter, schlecht geziemt es den anzugreifen, der sich nicht verteidigen kann; steigt zu Rosse und nehmt Euren Speer ... da werd ich Euch zu erkennen geben, dass es der Feiglinge Gepflogenheit ist, so zu handeln wie Ihr.« Der erschrockene Bauer erklärt, der Junge sei sein Knecht, und bestraft werde er für seine Unachtsamkeit und nicht etwa, weil er seinen Lohn verlangt habe. Unbeirrt fordert Don Quijote, den Jungen loszubinden und ihm den verdienten Lohn zu zahlen. Der Bauer antwortet, der Junge müsse dann mit ihm gehen, denn er habe das Geld nicht bei sich. Der sieht schon voraus, dass er, mit seinem Herrn alleingelassen, weiter geschlagen wird, und fleht den Ritter an, seinem Herrn nicht zu glauben. »Fürchte nichts«, beruhigt ihn Don Quijote; sein Befehl reiche aus, dem Bauern den nötigen Respekt einzuflößen. Denn für ihn, den Ritter, ist die Gerechtigkeit ein unumstößliches Universalgesetz, dessen Verletzung Katastrophen unvorstellbaren Ausmaßes auslösen wird. Aber wie der Leser schon ahnt, bindet der Herr den Jungen erneut an den Baum und schlägt ihn halbtot, nachdem Don Quijote weitergezogen ist.

Siebenundzwanzig Kapitel später, als Don Quijote den Jungen wiedertrifft und seinen Gefährten die Notwendigkeit des fahrenden Rittertums demonstrieren will, berichtet er von seiner Rettungstat. Doch der Junge erwidert, ihm sei das genaue Gegenteil widerfahren, und er fleht Don Quijote an, nicht das Geringste zu unternehmen, wenn er ihn noch einmal in Not antreffen sollte. Sancho gibt dem Knaben ein Stück Brot und Käse mit auf den Weg: »Nehmt, Freund Andrés, denn auf jeden von uns trifft ein Teil von eurem Unglück.« Darauf fragt Andres, zu welchem Teil es denn Sancho betreffe. »Dieser Teil von meinem Käse und Brot«, lautet die Antwort, aber das ist nur die halbe Wahrheit. Das Unglück des Jungen, wie Sancho unbewusst andeutet, betrifft uns alle, nicht im physischen Sinne natürlich, als Hunger und Prügel, sondern in der Erkenntnis, dass das Unrecht gedeiht und wir (offenbar) nicht in der Lage sind, es abzuschaffen.

André Gide bei der Nachricht von Gandhis Ermordung: »Das ist, als wäre Gott besiegt worden.«

Das Kapitel endet damit, dass Andres seinen Retter und alle fahrenden Ritter verflucht. Don Quijote ist wütend und beschämt, während sich seine Gefährten das Lachen verkneifen müssen.

Gewaltszenen in Film und Fernsehen ertrage ich nicht mehr, aber literarische Gewaltschilderungen kann ich lesen. *Don Quijote* ist eines der gewalttätigsten Bücher, die ich kenne.

Montag
Don Quijote präsentiert sich als verwirrender Schachtelroman. Schon nach drei Kapiteln gesteht Cervantes, dass er nicht weiß, wie die Abenteuer seines fahrenden Ritters weitergehen. Zufällig wird ihm ein altes Manuskript zum Kauf angeboten, und als passionierter Leser, der »jeden auf der Straße liegenden Papierfetzen« liest, schlägt er es auf und sieht, dass es auf arabisch geschrieben ist, In seiner Neugier wendet er sich an einen Übersetzer (jüdische und arabische Übersetzer sind weniger als zwanzig Jahre nach der Vertreibung der Juden und Araber aus Spanien leicht zu finden, versichert uns Cervantes) und stellt fest, dass es sich bei den Papieren um nichts weniger als die Chronik der Abenteuer des Don Quijote handelt, verfasst vom arabischen Historiker Cide Hamete Benegali, der, wie sich herausstellt, unter den Büchern in der ritterlichen Bibliothek auch die von Cervantes aufzählt. Von da an wird die Frage nach der Verfasserschaft des Buches schwindelerregend: Der Roman, den wir lesen, erweist sich als Übersetzung aus dem Arabischen; und Cervantes ist nicht sein »Vater«, sondern nur sein »Pate«. Später, im zwei-

ten Teil, haben die Gestalten den ersten Teil gelesen und berichtigen seine Irrtümer, obwohl, so erzählt uns Cervantes, der maurische Autor geschworen hat, dass alle Geschehnisse wahr sind, »selbst so, wie ein katholischer Christ schwören würde«, (was, wie sich Cervantes vom Übersetzer erklären lässt, bedeutet, dass er nichts als die Wahrheit beschwört). An diesem Punkt fragt sich der Leser, wer in diesem Roman wen erfunden hat.

Die meisten Schriftsteller besitzen eine historische Existenz; nicht so Cervantes, der in meiner Erinnerung weniger ein realer Mensch ist als vielmehr eine Gestalt des *Don Quijote.* Goethe, Melville, Jane Austen, Dickens, Nabokov sind dagegen als Autoren von Fleisch und Blut kenntlich; Cervantes kommt mir vor wie von diesem Buch erfunden.

Im Mai letzten Jahres besuchte ich mit Javier Cercas das Cervantes-Haus in Valladolid. Ein eindrucksvoller Bau. Dort wohnte Cervantes, als der erste Teil des *Don Quijote* 1605 in Madrid erschien. Der Garten, das Studierzimmer, die Schlafkammer, der Raum, in dem sich die vielen Frauen der Familie um den maurischen Kohlenrost versammelten, die Küche, die er sicher selten zu Gesicht bekam – all das (so waren wir uns einig) enthielt mehr von der Welt des Don Quijote als von der seines Schöpfers. Trotz solcher Museen, trotz seiner Berühmtheit, trotz aller Denkmäler, Literaturkurse und Institute, die nach ihm benannt sind, trotz seiner begeisterten Nachwelt und der Großzügigkeit seiner Sachwalter bleibt Cervantes unwirklich.

Proust meinte, er sei verurteilt, das fiktive Ich zu sein, das er geschaffen hatte. Beim Don Quijote scheint es so zu sein, dass das fiktive Ich dazu verurteilt ist, Cervantes zu sein.

Sancho Pansa und Don Quijote, verglichen mit Dr. Jekyll und Mr. Hyde: Nicholas Rankin bemerkt in seinem bewundernswerten Reisebuch *Dead Man's Chest,* es sei »vielleicht kein Zufall, dass der Buchstabe im Alphabet zwischen H für Hyde und J für Jekyll das I [für engl. *Ich*] ist«.

Ich habe einen Kupferstich gefunden, angeblich mit dem Porträt von Cide Hamete Benegali. Ich habe ihn rahmen lassen und neben meinem Schreibtisch an die Wand gehängt.

Später
Themen, die in vielen anderen Büchern von Cervantes eher blass wirken, gewinnen im *Don Quijote* eine überraschende Lebendigkeit. Man vergleiche das öde Herunterbeten guter und schlechter Dichter in seiner *Reise zum Parnass* (einer flachen *Commedia,* die anscheinend auf Apollos Lob für sein eigenes poetisches Manifest abzielt) mit dem Kritiker-Dialog der beiden Bücherverbrenner im *Don Quijote.*

Das Buch im Buche: Als der Pfarrer und der Barbier Don Quijotes Bibliothek plündern, um sie von allen »bösen« Büchern zu säubern, stoßen sie auf *Die Galatea* eines gewissen Miguel de Cervantes. »Viele Jahre ist es her, dass dieser Cervantes mit mir sehr befreundet ist, und ich weiß, dass er erfahrener ist im Leid als im Lied. Sein Buch hat einiges von guter Erfindung, legt einiges an und führt nichts durch«, sagte der Pfarrer. Im Fall der *Galatea* bedeutet »führt nichts durch«, dass Cervantes den zweiten Teil nie geschrieben hat. Aber dasselbe ließe sich vom *Don Quijote* sagen – und mit besseren Gründen: Don Quijote wird nicht zu Ende geführt, weil der physische Tod des Helden nicht das Ende des ethischen Impetus ist.

Flaubert: »Jawohl, Dummheit besteht im Verlangen, etwas zu Ende zu bringen.«

Notiz: Flaubert kann den *Don Quijote* nicht gemocht haben, denn Cervantes zeigt kein sichtbares Bemühen, die Geschichte im Zaum zu halten oder seinen Stil zu zähmen. Flaubert an einen

Freund: »Die schwachen Passagen eines Buches müssen besser geschrieben sein als die anderen.«

Dienstag
Don Quijote erzählt Cardenio, dass er »mehr als dreihundert Bücher« besitzt. Die Bücher von und über Cervantes belegen drei Fächer in meiner Bibliothek. Ich stelle fest, das ich das Cervantes-Buch, das Javier Cercas mir unbedingt leihen wollte, noch immer habe. Ich muss es zurückschicken. Bücher anderer Leute habe ich ungern im Haus. Entweder will ich sie behalten oder sofort zurückgeben. Geborgte Bücher haben etwas von Besuchern, die ihren Aufenthalt überziehen. Ihre Lektüre hat für mich etwas Unvollkommenes, Unbefriedigendes. Das trifft auch auf Bibliotheksbücher zu.

Was würde passieren, wenn der Pfarrer und der Barbier meine Sammlung von Memoiren und Tagebüchern säubern würden wie Don Quijotes Sammlung von Ritterromanen?

»Die *Bekenntnisse* des Augustinus. Ich habe vernommen, das sei das erste Memoirenbuch überhaupt, von dem alle anderen ihren Ursprung nehmen. Da er also der Stifter einer so verderblichen Sekte ist, gehört er ins Feuer.«

»Nein, Ehrwürden, ich habe auch vernommen, es sei das beste Buch dieser literarischen Richtung, und da es einzig in seiner Art ist, wollen wir es lieber verschonen.«

»Die *Briefe* der Madame de Sévigné: brillant und hoch lebendig, also aufheben. Rousseaus *Bekenntnisse*: sentimental – weg damit. Goethes *Dichtung und Wahrheit*: halb anregend, halb dünkelhaft, reiß es in der Mitte durch und behalte die bessere Hälfte.«

»Die Tagebücher von Bioy Casares: müssen gründlich geflöht werden. Zwei Dinge gibt es, die solchen Werken den Garaus machen, die Schilderung erotischer Abenteuer und die Nacherzählung von Träumen. Ersteres liest sich wie zur Schau gestellte Lüsternheit, Letzteres ist unerträglich langweilig. Schuldig der ersten Sünde: Cellinis *Lebensbeschreibung*, Casanovas *Erinnerungen*, *Mein Leben, meine Lieben* von Frank Harris; schuldig der zweiten: *In meiner eigenen Welt* von Graham Greene. Fort mit ihnen!«

»Bringen wir diese Abteilung hinter uns. Wir können uns nicht bei jedem Titel aufhalten. Das *Tagebuch* von Amiel: zu lang. *Die metaphysische Piazza* von Frederic Prokosch: eingebildet und voller Name-dropping. Strindberg, *Sohn einer Magd*: wehleidig und selbstgefällig. Neruda, *Ich bekenne, ich habe gelebt*: selbstverherrlichend. Fort mit ihnen!«

»Warten Sie, was haben wir da? Das vollkommenste Tagebuch überhaupt, das von Kafka. Stellen wir es neben die *Bekenntnisse* des Augustinus; ihnen gebührt gleiche Ehre. Und noch ein paar respektable Ausnahmen: die Tagebücher von Katherine Mansfield, Virginia Woolf, Julien Green. Diese, mein Freund, sind intim, erhellend, gedankenreich und verdienen es, bewahrt zu werden. Cesare Pavese, *Das Handwerk des Lebens*; gehört neben die vorangegangenen drei. Und hier? Zwei bewegende kanadische Memoirenbände: Sharon Butala, *Wild Stone Heart*, und Wayne Johnston, *Das Land meiner Väter*, beide auf ihre Weise treffen genau den Punkt. Stellen wir alle sechs ins selbe Fach. Und noch eins: Autobiographische Schriften von Hermann Broch, klug und einzigartig in der Form, merkwürdig unbeachtet in Deutschland.«

»Und dieses Ding hier, *Tagebuch eines Lesers*, nicht mehr und nicht weniger?«

»Gemach! Mit dem Autor bin ich befreundet. Das Bändchen hat kaum Reize, noch weniger Gehalt und dennoch seine Tugenden: Es ist enthusiastisch und zugleich knapp gehalten, wobei Letzteres für Ersteres entschädigt. Verschonen Sie es für dieses eine Mal, sehen wir später.«

»Später! Wie lange soll ich mich mit derlei Selbstbespiegelungen aufhalten? All diese einzigartigen Egos verkommen flugs zur Dutzendware. Schauen Sie nur, so viele Geschichten aus dem wahren Leben! Wenn nun jeder damit anfinge, seine ungebetenen Geständnisse zu Papier zu bringen! Wie sehr lieben wir doch den Klang der eigenen Stimme!«

Auden zitiert ein isländisches Sprichwort: »Jeder mag den Geruch seiner eigenen Fürze.«

Mittwoch

Die Idiotie in Academia kennt offenbar keine Grenzen. Das Amherst College in Massachusetts bietet jetzt einen Kurs in »Espanglish« an, das ist der Sprachmix der lateinamerikanischen Einwanderer, die noch nicht Englisch gelernt haben. Auf dem Programm steht auch die Übersetzung des *Don Quijote.* Hier die zwei ersten Sätze: »*In a placete de La Mancha of which nombre no quiero remembrearme, vivía, not so long ago, uno de esos gentlemen who always tienen una lanza in the rack, una buckler antiagua, a skinny caballo y un grayhound para el chase. A cazuela with más beef than mutón, carne choppeada para la dinner, un omlet pa los sábados, lentil pa los viernes, y algún pigeon como delicacy especial pa los domingos, consumían tres cuarers de su income.*«

Dass die Kür der Miss World in Nigeria stattfinden soll, hat dort gestern zu gewaltsamen Protesten unter der islamischen Bevölkerung geführt. Kirchen und Geschäfte katholischer Nigerianer wurden in Brand gesteckt, mehr als fünfhundert Menschen verletzt oder getötet, mit Messern attackiert, mit brennenden Autoreifen beworfen. Die Angreifer rannten durch die Straßen und schrien »Gott ist groß« und »Nieder mit der Schönheit!«

Donnerstag

Wenn ich mir eine Lieblingspassage aus dem Roman aussuchen müsste, wäre das die Episode von Clavileño, als Don Quijote und Sancho Pansa dazu verleitet werden, mit verbundenen Augen auf ein Holzpferd zu steigen, das sie angeblich im Fluge zum

Zauberer Malambruno bringen soll. Wie kommt es, wenn sie denn tatsächlich flögen, fragt Sancho Pansa, dass sie die Stimmen der Umstehenden hören? Don Quijote erklärt dies kurzerhand zur Begleiterscheinung des magischen Geschehens, worauf Sancho Pansa vorschlägt, die Augenklappe ein wenig zu lüften, um zu sehen, wo sie sich befinden. Da zeigt sich, wie es um Don Quijotes angebliche Täuschung bestellt ist: Er verbietet Sancho, nach unten zu schauen.

Der Glaube darf nicht dem Vernunftbeweis unterworfen werden. Der Glaube setzt die Vernunft nicht außer Kraft, er steht einfach für sich, indem er eine Leerstelle schafft. Und diese Leerstelle, so glauben die Mystiker, kann von Gott ausgefüllt werden.

Freitag
Abreise nach Kanada zu einer Vorlesung an der Universität von Neufundland.

Sonnabend
Mein erster Besuch in St. John's, Neufundland. Sofort das Gefühl, in der Fremde zu sein, einer Inselwelt mit eigenen Gesetzen, eigener Sprache, eigenen Vorstellungen. Schon zähle ich St. John's zu den Orten, wo ich glücklich sein könnte.

Heute Abend ging ein Blizzard über der Stadt nieder. In meinem Hotelzimmer, das zwei riesige Eckfenster hat, sah ich die Schneeschwaden herantreiben und ohne Ende gegen die Scheiben fliegen, als würde das ganze Haus in weißen Wellen schwimmen.

Vier der eindrucksvollsten Witterungserscheinungen habe ich in Kanada erlebt; diesen Blizzard, die Nordlichter in Manitoba, einen Tornado in Saskatchewan, einen Sturm, der über dem Pazifik aufzog, gesehen vom Haus des Bibliothekars auf einer Klippe oberhalb von Campbell River, British Columbia.

Wetter ist ein kanadisches Thema. Im *Don Quijote* kommt es kaum vor.

Mittwoch
Zurück in Frankreich. Regnerisch und diesig. Die Katze ist auf den Taubenschlag geklettert und blickt aus einer mit Handtüchern gepolsterten Kiste auf die Pfützen im Garten hinab.

Dante will uns glauben machen, dass Beatrice von himmlischer Schönheit ist, Catull und Petrarca wollen uns von den Reizen ihrer angebeteten Schönheiten überzeugen. Don Quijote versucht nichts dergleichen. Als ihn die Kaufleute auf seiner ersten Fahrt um ein Bild von seiner geliebten Dulcinea bitten, bevor sie auf ihre unvergleichliche Schönheit schwören, erwidert er: »Wenn ich sie euch zeigte, … was würdet ihr Großes damit tun, eine so offenkundige Wahrheit zu bekennen? Das Wesentliche in der Sache besteht gerade darin, dass ihr, ohne sie zu sehen, es glauben, bekennen, behaupten, beschwören und verfechten müsst.«

Die größten literarischen Gestalten sind vielleicht diejenigen, die sich dem vollen Verständnis entziehen. Der unerträgliche Lear, der seine hundert Freunde ins Haus seiner Tochter bringt; der vom Liebesglück verlassene Dante, der von einem Mädchen besessen ist, das er nur flüchtig gesehen hat; der vom Unglück verfolgte Don Quijote, der sich zu seinen Illusionen bekennt und dafür geschlagen und gesteinigt wird – warum rühren sie uns zu Tränen, warum lassen sie uns nicht los, warum geben sie uns das Gefühl, dass dieses Leben – trotz allem – lebenswert ist? Sie bieten keine Erklärungen; sie fordern, dass man ihre Existenz »glaubt, gesteht, behauptet, beschwört.«

Felicitas Hoppe

Was Goethe ein Kind ist!

Liebste Lotte,
Wie ich jünger war, liebte ich nichts so sehr als Romane. Und Goethe weiß, wie wohl mirs war, wenn ich mich sonntags so in ein Eckchen setzen und mit ganzem Herzen an dem Glück und Unstern einer Miss Jenny teilnehmen konnte. Aber jetzt, da Sie mich fragen, ob Sie mir seine Bücher schicken sollen, antworte ich: Ich bin mit Lesen schon fertig. Was soll Dichtung, Szene und Idylle? Muss es denn immer gebosselt sein, wenn wir teil an einer Naturerscheinung nehmen sollen? Wie froh bin ich, dass ich weg bin! Eine wunderbare Heiterkeit hat meine ganze Seele eingenommen, ich bin allein und freue mich meines Lebens.

Denn ich will, liebe Freundin, mich bessern, will nicht mehr ein bisschen Übel, das das Schicksal uns vorlegt, wiederkäuen, wie ichs immer getan habe, ich will das Gegenwärtige genießen, und das Vergangene soll mir vergangen sein. Aber es hat schwer gehalten, bis ich mich entschloss, meinen blauen einfachen Frack, in dem ich mit Ihnen zum ersten Mal tanzte, abzulegen. Und ein Kanarienvogel flog von dem Spiegel auf Ihre Schulter. Er soll Sie auch küssen, sagten Sie und reichten den Vogel herüber, und das Schnäbelchen machte den Weg von Ihrem Munde zu dem meinigen, eine Ahnung liebevollen Genusses. Danach waren Sie einige Tage verreist. Ach, diese Lücke! Diese entsetzliche Lücke, die ich hier in meinem Busen fühle!

Aber was mich am meisten neckt, sind die fatalen bürgerlichen Verhältnisse. Diese Rangsucht unter Ihnen, wie Sie nur wachen und aufpassen, einander das richtige Buch zuzureichen. Ich knirsche mit den Zähnen, doch was für Zähne, liebste Lotte, sind das? Sehn Sie, ich trag es nicht länger, mit mir ist es aus! Was ist der Mensch, der gepriesene Halbgott? Was Goethe, was Klopstock? Tot, Lotte! eingescharrt der kalten Erde, so eng! So finster. Und kein Geistlicher hat sie begleitet, nur ein Nachbar, ich erinnere mich ganz genau, sah den Blitz vom Pulver und hörte den Schuss fallen.

Da aber alles stille blieb, achtete ich nicht weiter drauf.

Mai 2002

PETER STAMM

Werther ist tot.

Es sind keine Tränen auf dem Umschlag meiner uralten Reclam-Ausgabe von Werthers Leiden, es sind Tintenflecke. Ich weiß nicht mehr, welches Wort die schwarze Tinte hätte schreiben sollen, die stattdessen auf den gelben Umschlag fiel. Vielleicht Herz, vielleicht Schmerz. Vielleicht wären es doch Tränen geworden, Tintentränen.

Tintentränen weint Werther in seinen Briefen an den lieben Willhelm. Er erzählt dem Freund, wie er eine Frau, eine Lotte, kennenlernt, die mit einem anderen verlobt ist. Wie er mit ihr am Fenster steht und sie angesichts eines Unwetters »Klopstock« haucht und sich zum ersten Mal seine Tränen von den Händen wischen muss. Werther erzählt, wie er sich mehr und immer mehr in diese Lotte verliebt, je weniger er sie haben kann. Wie ihr Versprochener, Albert, auftaucht, ein Profaner, der ihrer nicht wert ist und sie doch kriegt. Er erzählt vom Brot schneiden und Pflug zeichnen und Mond anschauen. Von seiner kurzen Flucht vor der geliebten Frau, einem Intermezzo am drögen Hof und einem Getändel mit einem Fräulein von B. Von seiner Rückkehr zu den inzwischen vermählten Lotte und Albert, von seinem immer wüsteren Werben und immer tieferen Versinken in Trauer darüber, dass er Lotte nicht kriegt. Und immer ist schon alles voller Ahnung und Gegenwart kunstvoll verstreuter Bäche und Kinder und Überschwemmungen und mordender Knechte.

Wie Werther in den Wald hineinfühlt, so tönt es aus dem Wald heraus. »Eins von uns dreien muss hinweg«, konstatiert er endlich an Lottens Adresse, »und das will ich sein! O meine Beste!« Und so erschießt sich Werther mit der von Albert geliehenen und von Lotte abgestaubten Pistole, und der Herausgeber besorgt das übrige und erzählt mit sehr schönen Sätzen den Schluss: »Ein Nachbar sah den Blick vom Pulver und hörte den Schuss fallen;

da aber alles stille blieb, achtete er nicht weiter darauf.« So sachlich und schlicht hätte ich mir das ganze Buch gewünscht: »Handwerker trugen ihn. Kein Geistlicher hat ihn begleitet.«

Es gab auch einige Lotten in meinem Leben. Frauen, in die ich mich unsinnig verliebte, und die ich nicht haben konnte, die mich nicht haben wollten. Werther würde sagen, die einem anderen gehörten. Aber auch wenn der Herausgeber die Werther'sche These stützt, die Lotte habe den Schmachter geliebt, irgendwie, ich mag es ihm nicht recht glauben. Er muss sie doch genervt haben, dieser Papiermensch, mit seinem dauernden sich ihr vor die Füße werfen, mit seinem Stammeln und Stottern mit seinem so vollen Herzen und seinen so leeren Händen, mit seinen Tränen bei jedem auch nur annähernd rührenden Geschäft.

Mich hat er oft genug genervt. Schon und vor allem als ich das Buch zum ersten Mal las und in etwa so alt war wie Goethe, als er es schrieb. In seiner Zeit sollen *Die Leiden des jungen Werthers* zu einem wahren Massensuizid geführt haben. Mich haben sie im Gegenteil ernüchtert. Mir haben sie gezeigt, wie lächerlich ich mich oft genug benommen hatte. Und das wollte ich vielleicht nicht wissen. Und darum hat er mich vielleicht genervt. Goethe soll das ganze Buch so ziemlich erlebt haben, heißt es. Sogar seinen Geburtstag, den 28. August, hat er dem Werther geliehen. Aber erlebt hat er eben nur das Schmachten, das er so trefflich beschreibt. Nicht erlebt hat er die Gefühle Lottens, die ihm, wenn er sie als Herausgeber beschreibt, etwas zu sehr nach dem Wunsche Werthers zu geraten scheinen. »Sie wollte nicht fließen«, heißt es zwar dort, aber dann fließt sie doch.

Beim zweiten Lesen haben mich Werthers Leiden mehr gerührt als beim ersten. Nicht wegen der Lotte. Weil er eine so traurige Gestalt ist. Wie er am Hof den kleinen Revolutionär spielt und den Adel verurteilt und wie ihm in seinem Geburtsort dann doch alles zuwider ist, was nicht mehr so ist, wie es immer war. Und wie er, als er beschließt, sich zu entleiben, nicht sein Hab und Gut an die Armen verschenkt, sondern diesen ihren Batzen für gerade mal zwei Monate im voraus auszahlen lässt. Zwei

Monate dauert die Ewigkeit, in die er sich mittels einer Kugel im Kopf begeben will, der Kleingeist.

»Ich leide viel; denn ich habe verloren, was meines Lebens einzige Wonne war, die heilige belebende Kraft, mit der ich Welten um mich schuf«, schreibt Werther am 3. November 1771. Aber er hat diese Kraft ja gar nie gehabt. Schon in einem seiner ersten Briefe teilt er mit, er könne jetzt nicht zeichnen und dünke sich doch, »nie ein größerer Maler« gewesen zu sein als in diesem Augenblick. So ist er denn auch als Liebhaber: er gibt keine Küsse, aber glaubt, der größte Liebende zu sein. Vielleicht hätte er die Lotte ja noch kriegen können, ganz am Anfang. Aber eben nicht mit »Lechzen und Schmachten«.

Ich habe meine Lotten jeweils auch nicht gekriegt damals. Vielleicht hätte ich können, hätte ich mir etwas mehr Mühe gegeben, aber ich war eben nicht beherzt genug. Keine wirklich interessanten Geschichten für den Rest der Menschheit. Auch nicht, wenn ich mich deswegen umgebracht hätte.

Eine »Sternenstunde in der Geschichte der Menschheit« nennt ein Herr Beutler *Die Leiden des jungen Werthers* in seinem Nachwort bei Reclam. Ich weiß nicht. Mir scheint da zu wenig Distanz, das Geschriebene zu wenig durchschaut, zu wenig geformt. »Lauter Brandraketen«, wie Goethe später selbst meinte. Als Selbstmörder will mir der Werther aus seinen Briefen nicht erscheinen. Viel leichter sehe ich ihn als alten Steinesammler und pedantischen Gelehrten, als den Prä-Antroposophen, der aus seinem Schöpfer ja schließlich auch geworden ist.

»Und wir gingen auseinander, ohne einander verstanden zu haben. Wie denn auf dieser Welt keiner leicht den andern versteht.« Werther ist tot. Goethe auch. Ich mag den beiden keine Tränen nachweinen. Nicht einmal Tintentränen.

Bernhard Keller

Aranjuez

Als ich erfuhr, dass Schiller tot sei, war ich enttäuscht. Die zeitliche Differenz zwischen der Bekanntgabe seiner Existenz und seinem Ableben betrug nur wenige Minuten. Höchstens eine Woche. Vielleicht hatte ich mich auch verhört oder nicht richtig zugehört oder gerade einen zu tiefen Blick in den halbdunklen Tunnel des kurzen T-Shirtärmels meiner bewunderten Mitschülerin Marion geworfen, die den Arm günstigerweise gehoben hatte, um einen ihrer brillanten Wortbeiträge zu äußern. Und vielleicht, nein ganz gewiss, hatte ich am Ende dieses Tunnels etwas entdeckt, das es durchaus mit Schiller aufnehmen konnte.

Da ich mit dem vollen Recht des Fünfzehnjährigen Moralist war, hatte ich *Die Räuber* schon allein vom Titel her verworfen (zudem war mir erst vor kurzem zu meiner größten Empörung mein Fahrrad gestohlen worden – es war das alte Fahrrad meiner Mutter). Nur aus rein opportunistischen Gründen und solchen des Zeitgeistes (und wegen Marion) gab auch ich vor, Wünsche nach Auflehnung und Sympathie für den Kampf gegen Ungerechtigkeit zu hegen.

Doch ich wusste, meine wahre Schillerglocke würde noch schlagen.

Glücklicherweise litt ich nicht im Geringsten an Jambophagie, und so war es mir ein Leichtes, ein Jahr später die Stimme *Don Carlos'* zu erheben. Don Carlos war mein Mann, der Jambus meine Droge, der folgende Rausch ging ohne Umwege ans Eingemachte. Dodo, Porno, Seepferdchen und ich, Don Carlos also, wollten jedoch ganz sichergehen (ich jedoch war mir auch so sicher), wir trafen uns in dem kleinen Wäldchen in der Nähe unserer geliebten Tenne (heute ist dort eine Tierakademie zu Hause) und teilten zusätzlich zum Jambus die Droge, die die Beatles schon lange vor unserer Zeit so himmlisch besungen hatten und die als Goofys einfältiges Gesicht unseren Zungen bereitwillig zur Verfügung stand.

Dodo war der Marquis von Posa, Porno Philipp der Zweite und Seepferdchen Elisabeth. Wir fächelten uns mit den aufgeschlagenen Reclamheften Luft zu. Wir stampften im Rhythmus unserer Silben den trockenen Waldboden (seit Wochen hatte es nicht geregnet) aber *und Gott ist heut, wer gestern Mensch noch war*, der Boden verdichtete und verhärtete sich nicht, sondern nahm uns langsam in sich auf. Im Singsang unserer Stimmen verstanden wir nichts, und begriffen doch alles. Erst kam die Sprache, dann der Sinn (dann die Müdigkeit).

Ja, auch ich war schuld am Tod meiner Mutter, ja, auch ich liebte meine Mutter, die die Frau meines Vaters war (und ich liebte sie schon vor ihm), ja, auch mir versagte der Vater die Anerkennung und gab mir lieber den Spott und Hohn: *Solche Kranke wie du mein Sohn, verlangen gute Pflege.*

Ein Schock, den der Jambus zu einer süßlichen Tragödie veredelte.

Schließlich waren Dodo, Porno, Seepferdchen und ich, Don Carlos, bis zum Kopf im Erdreich versunken, aber unsere Stimmen gaben keine Ruhe, auch wenn die hübschen gelben Schmetterlinge mit hunderten von Flügeln (genau: 192) längst davongeflattert waren. Es wurde Nacht und mit dem ersten Ruf des Käuzchens ermattete unser Rausch. Wir kletterten aus der Erde und trennten uns wort- und grußlos. Jeder von uns ging ohne einen Blick auf die Freunde in seine Richtung davon.

Langsam und in Gedanken schlich ich nach Hause. Ohne Scheu betrat ich das elterliche Schlafzimmer. Ich bin gar nicht tot, sagte ich und holte meine Gitarre.

Mit meiner besten Stimme sang ich *allegro con spiritu* in einem Augenblick kongenialer Genialität:

Die schönen Tage in Aranjuez sind nun zu Ende.

Dirk von Petersdorff

Grüne Matten, meisterhafte Exposition
Schillers ›Wilhelm Tell‹

In der Bühnenanweisung zur ersten Szene im ersten Aufzug des *Wilhelm Tell* wird die Landschaft am Vierwaldstättersee beschrieben. Genannt werden das hohe Felsenufer, eine Bucht, eine Hütte in der Nähe des Ufers, ein Fischerknabe, der »sich in einem Kahn« fährt. Dann heißt es: »Über den See hinweg sieht man die grünen Matten, Dörfer und Höfe von Schwyz im hellen Sonnenschein liegen.« Aus meiner ersten Lektüre des Dramas, es war wohl in der zehnten Klasse, sind mir vor allem die grünen Matten in Erinnerung geblieben. Der Lehrer musste uns erst erklären, dass damit die Wiesen am See gemeint sind, und wir fanden es natürlich komisch, dass man Wiesen Matten nennt und machten ein paar Scherze über unsere blauen Matten aus dem Sportunterricht. Aber gleichzeitig fand ich es auch schön: Was mussten das für Wiesen sein, die man so nennt, Wiesen, auf die man sich legen möchte, Wiesen, auf denen man ausruhen kann, in die man einsinkt, auf denen man geschützt ist. Das Wort habe ich seit dieser ersten Lektüre immer benutzt, und es auch weitergegeben. Mitwanderer konnte ich leicht davon überzeugen, in der Ferne erscheinende, verheißungsvolle Gebirgswiesen so zu nennen, so dass der Begriff sich auch in der Gegenwartssprache erhielt: »Sieh mal, da vorn die schönen Matten«. Als ich viel später während einer Vorbeifahrt am Vierwaldstättersee die Wiesen sah, die sich vom See bis zu den ersten Felsen hinaufziehen, war ich überhaupt nicht enttäuscht wie oft in solchen Fällen. Ich fand sie wunderbar, fand, dass sie ihren Namen völlig zu Recht trugen, und irgendwann will ich auch noch über diese besonderen Wilhelm-Tell-Matten laufen, mich auf sie legen und auf den See hinunterblicken.

Als ich vor kurzem den *Wilhelm Tell* wieder gelesen habe, hat mich nun immerhin die gesamte erste Szene des ersten Aufzugs beeindruckt. Diesmal aus technischen Gründen. Denn was ist das eigentlich für eine grandiose Exposition. (Ja, ich weiß, was man gegen das Stück sagen kann, aber das lassen wir jetzt beiseite, und dieses Bespötteln Schillers ist inzwischen auch langweilig, außerdem entgeht einem dann so manches. Zum Beispiel diese grandiose Exposition.) Zuerst die große Totale: Ein Fischer, ein Alpenjäger und ein Hirte singen jeweils ein Lied. Dazu das harmonische Geläut der Herdenglocken – das ist der Zustand des Naiven, wo der Mensch in Einheit mit der Natur lebt. Dann ändert sich das Wetter, die kommenden Turbulenzen kündigen sich an. Die wetterkundigen Schweizer merken das. Ein Gespräch über Kühe findet statt, in dem sowohl etwas Naturphilosophie untergebracht wird (»Das Tier hat auch Vernunft«), als auch die Besitzverhältnisse thematisiert werden. Damit kommt die soziale Ordnung ins Spiel, die im Verlauf des Stückes revolutioniert wird. Ein flüchtender Mann (Baumgarten) erscheint am Ufer, bittet um Hilfe, fleht, dass ihn jemand über den See bringt, damit er seinen Verfolgern entkommen kann. Die kostbare Zeit vergeht, keiner kann sich entscheiden, dann tritt Tell auf. Er bringt seine ersten Sentenzen an (»Der brave Mann denkt an sich selbst zuletzt«), wird durch seine Äußerungen und durch sein Handeln als mutig, aber auch als Individualist gekennzeichnet. Schiller gibt noch einige religiöse Bezüge dazu (»'s ist heut Simons und Judä«), Tell fährt mit Baumgarten auf den See, die bösen Reiter kommen zu spät, fallen aus Wut in die Herde ein und brennen die Hütten der Schweizer nieder. »Wann wird der Retter kommen diesem Lande?«, damit ist Schluss.

Das alles, und das ist ungeheuer, schafft Schiller auf etwa fünf Seiten. Damit hat er den Raum seines Textes vorgestellt, die politische Situation dargestellt, die Hauptfigur eingeführt, Spannung erzeugt, auf das Kommende vorausgedeutet, und rechts und links noch etwas Philosophie und Religion untergebracht. Das Tempo dieser Szene ist außerordentlich, die Konzentration hoch, die Sprache präzise. Auch wer von der Szenerie und dem Thema womöglich nicht affiziert ist, kann hier lernen: Technik lernen, und das ist viel. Ich will nicht sagen, dass mit den Matten und der Exposition das Wesentliche des Stückes erfasst sei, aber das ist der Reiz der Klassiker. Sie besitzen so viele Zugänge, weisen so viele Ideen auf, sind so gefüllt mit Haupt- und Nebensachen, mit Bildern und Klängen, dass jeder bei jeder Lektüre etwas finden wird. Natürlich werde ich den *Wilhelm Tell* wieder lesen und sehen, was beim nächsten Mal dabei herauskommt.

Kathrin Röggla

›titan‹ lesen

mit sausem im ohr lasse ich mich auf diese dinge leichter ein, habe ich vor ein paar jahren feststellen dürfen. mit sausem im ohr halte ich plötzlich die langsamkeiten aus, die man in den texten flauberts, fontanes, stendhals und stifters finden kann. mehr noch, ein hörsturz verlangt geradezu nach verlangsamung, und welches mittel wäre besser, als die texte des 19. jhds zu lesen, sich reinzuziehen. schon geht der innendruck nach unten, die atmung wird ruhiger, so ist doch die allgemeine vorstellung, der ich mich plötzlich wider besseres wissen in hektischer weise, ganz so, wie es für hörsturzpatienten typisch ist – jedes mittel ist recht –, angeschlossen habe: bloß ein klein wenig das 19. jhd durchziehen, dann geht es mir besser. und es ging mir auch bald besser. schon war ich wieder da, akustisch mehr oder weniger hergestellt, bereit zur voreiligen rückkehr in die vermeintliche gegenwart – »warum nicht jean paul?« wird der einserschüler unter den lesern mich aber jetzt unterbrechen, und so kann ich nicht von der gegenwart erzählen, von der es ja mehrere fassungen gibt, nicht vom 19. jhd erzählen, von dem es auch ungleich viele fassungen gibt, mehr von der zukunft, in der, so sagt man, alle fassungen zusammenkommen sollen. »bei jean paul wusste ich es besser!« werde ich ihm antworten. jean paul ist noch weniger beruhi gungsautor, als es die anderen genannten schon sind. bzw. bei jean paul hatte ich wenigstens ein wenig ahnung. ich habe ja die jean-paul-anfänge längst, ja lange hinter mir, werde ich etwas großspurig von mir geben, vielleicht verschweigen, dass meine jean-paul-anfänge erstaunlicherweise an der uni liegen, denn das kommt nicht gut, weiß ich – d.h. natürlich lagen dringliche empfehlungen vor, sind kleine schnupperlektüren vorher erfolgt, aber ich umschlich diesen »chinesen in rom«, wie goethe ihn spöttisch und grob verständnislos bezeichnet hat, etwas ängstlich. sozusagen mit großen augen, die ich hier, im forum der klassikerberichterstattung, selbstverständlich auch verschweigen werde.

jean paul lesen, so jedenfalls der lockende titel des seminars an der freien universität berlin vor rund 10 jahren, das mir den *titan* näherbringen würde, so als wäre es etwas ganz außerordentliches, besonderes, als machte das keiner. eine neue experimentelle übung, die ungewöhnlicher nicht sein könnte. und irgendwie war es auch so, denn man wird im *titan* in zwei zeiten gleichzeitig geschickt, das vermeintlich fremde 18. jhd, das sowenig in unsere zeit zu reichen scheint, und das 21., in dem wir noch nicht wirklich gelandet sind, da können wir behaupten, was wir wollen. jean paul aber kannte beide, ließ sich auf 1000 seiten zeit, gleichzeitig vorwärts und rückwärts zu gehen mit seinem albano, seinem antiweimarianischen erziehungsprinzen, der die bewegungen seiner zeit im rhythmus von »jobelperioden« mitzittert und überflügelt und am schluss allzuschnell erwachsen wird. ein anti-klassiker par excellence, im resonanzraum von jean pauls etwas unglücklicher begegnung mit weimar entstanden – doch was heißt unglücklich? ablehnend und aufgerieben! eine art lackmustest des außenseiters auf den mainstream seiner zeit, wie er einem nur sympathisch sein kann.

die durchgeknalltheit mancher passagen, die flugsucht, flatterhaftigkeit und vogelstimmigkeit bildeten ein seltsames zusammenspiel in jenem gerade schon asbestbereinigten raum der rostlaube in dahlem, in dem wir zu zehnt über den seiten hingen, während nebenan 200 leute beim kleistseminar schwitzten. sozusagen passiv schwitzten, während wir mit fug und recht behaupten können: unser schwitzen war aktiv! ich bilde mir ein, dass es sommerlich heiß war während meiner lektüre, dass irgendwie ständig singvögel am werk waren, dass wir seltsam am text vorbei und um ihn rum geredet haben und uns überhaupt durch eine herrliche ahnungslosigkeit durchbewegt haben, wie sie nur bei richtig spannender literatur vorkommen kann. »aber das ist schnee von gestern, heute kenne ich mich natürlich aus«, werde ich dem einserschüler zögerlich zuflüstern, der aber nicht mehr richtig reagieren wird. abgetaucht. »feigling«, könnte man sagen, doch wer wollte hier solche worte verwenden?

Nadja Einzmann

Und in Türme natürlich auch

Lange hat es mich gestört, dass Hölderlin wahnsinnig geworden ist. Warum immer dieses Feiern wahnsinnig gewordener, unglücklicher, elender Dichter, habe ich damals gedacht. Gibt es denn nicht auch Dichter, die zum Bewundern einladen und dabei nicht wahnsinnig geworden sind, nicht unglücklich waren, sich nicht Klippen hinuntergestürzt und im Meer versenkt haben vor Verzweiflung und Weltüberdruss, sich nicht in Türme zurückgezogen haben und in die geistige Umnachtung? Mit dem Feiern der Texte solcher Dichter wird etwas gepriesen, was mir nicht gefällt, habe ich damals gedacht. Es wird gefeiert, dass Literatur eine traurige Angelegenheit ist, ein tieftrauriger Gottesdienst, und der Dichter ist ihr lebensüberdrüssiger Priester. Es werden die Dichter vorgeschickt, verzweifelt zu sein, damit die Leser und Bewunderer solcher Literatur, die Beine hochgelegt, vom sicheren Sofa aus die fremde Verzweiflung genießen können.

Damals hat mich das also ein wenig gestört. Nicht weil mir Hölderlins Texte nicht gefielen, dazu kannte ich sie lange nicht gut genug. Vielmehr bin ich aufgewachsen mit der Mär von den raunenden und schluchzenden Dichtern, und es ist mir gesagt worden, so und nur so hätten Dichter zu sein und die Literatur ein tieftrauriger Gottesdienst. Natürlich habe ich das nicht so stehen lassen können, natürlich haben das allerhand der nachwachsenden Autoren und Leser nicht so stehen lassen können. – Und wieder einmal in der Geschichte der Literatur und der literarischen Moden und Wellenbewegungen wurde der eine vom anderen abgelöst, der Priester vom Textarchitekten. Der Dichter war nun nicht mehr der Raunende und bleiche Seelenvolle. Er war gut angezogen und routiniert im Umgang mit den Medien. Er war handfest und zupackend. Er war weltgewandt und überall heimisch. Er brachte sich ein und mischte mit. Er war mit etwas Glück gewandter als seine Leser, wenn er noch mehr Glück hatte, auch attraktiver und jünger. Er war so gewandt, wie seine Leser bleich und seelenvoll waren. Sie sehen, da ist es wieder, das Haar in der Suppe. Immer lässt sich etwas finden und aufspießen. Immer lässt sich das gerade vorherrschende Dichterbild in ein leichtes Zwielicht rücken. Immer findet sich so ein Haar in der Suppe.

Auch wenn ich sehr für alle Wellenbewegungen bin, weil die eine Bewegung die andere korrigiert und reguliert, bin ich doch auch je länger je mehr für den Wahnsinn. Ich bin für alles Sympathisieren mit dem Abseitigen und Randständigen. Ich bin für den Turm. – Ich finde, dass es ein großer Luxus ist, dass immer wieder über die Jahre, Jahrzehnte und Jahrhunderte die Dichter seltsam sein durften und wunderlich. Dass es ihnen nachgesehen wurde, wenn ihnen vor Verzweiflung der Schweiß aus allen Poren brach oder die Augen ungesund gerötet waren, wenn sie schweigsam waren oder hoffnungslos scheu, wenig weltgewandt und wenig pragmatisch. In einer Welt, in der derlei sonst so gar nicht gefragt ist, scheint es mir geradezu geschmäcklerisch, sich zu stören an jenem Preisen von Wahnsinn und sozialer Inkompetenz, von Wortkargheit und Eigenbrödlertum.

Ich bin je länger je mehr für den Turm und für Hölderlin und seine zauberischen Gedichte. Ich bin für diese Pracht in der Verzweiflung, dieses todesmutige Bejahen des götterbeseelten Lebens, für dieses Bedürfnis, Licht herbeizureden, herbeizusingen, zu erzwingen allein mit Hilfe der Literatur.

Josef Haslinger

wie ich novalis kennenlernte

im sommer 1977 arbeitete ich in frankfurt am main als tankwart. es war ein ferienjob. ich hatte in wien vier jahre lang philosophie studiert und zuletzt mit dem gedanken gespielt, eine dissertation über novalis zu verfassen. nach dem betanken, waschen und abledern von autos in der frankenallee ging ich in die karl-marx-buchhandlung, um mir die vierbändige, von richard samuel edierte historisch kritische ausgabe der schriften des novalis zu kaufen. der fünfte band, der register-band, war damals noch nicht zu haben.

in der karl-marx-buchhandlung waren die novalis-bände nicht lagernd, sie mussten bestellt werden. aus mir unbekannten gründen dauerte das länger als bei anderen büchern. ich erinnere mich, dass ich mehrmals nachfragen kam, bis die bücher endlich da waren. eines fehlte. der erste band, der das dichterische werk enthält, wurde gerade für eine neuausgabe vorbereitet. er sollte erst im oktober erscheinen. ich vereinbarte, dass er mir nach wien nachgeschickt werde. und dann traf mich der schlag. die bücher waren nämlich unendlich teuer. allein der erste band, den ich zwar nicht bekam, aber gleich bezahlen wollte, kostete 163 mark, der vierte band, der die briefe enthält, kostete 128 mark. ich arbeitete für einen stundenlohn von dm 5,50. um die vier bände novalis bezahlen zu können, musste ich zweieinhalb wochen lang autos betanken und täglich mit dem fliegenschwamm die mit insektenkadavern zugeklebte windschutzscheibe jenes citroën cx putzen, der le monde nach frankfurt lieferte.

ich hatte nicht genug bargeld bei mir, kreditkarte besaß ich noch keine. daheim überlegte ich, ob ich das problem nicht einfach dadurch aus der welt schaffen könnte, dass ich die karl-marx-buchhandlung nie wieder betrete. aber ich hatte der buchhändlerin für die nachsendung des ersten novalis-bandes schon meine wiener adresse gegeben. ich konnte mir die bücher nicht leisten, war aber nicht selbstbewusst genug, das der buchhändlerin klar zu machen. da sagte meine frankfurter freundin monika zu mir: du holst dir die bände und ich zahle die hälfte.

am nächsten tag kaufte ich die novalis-ausgabe. sie war mir kostbar, noch bevor ich ein wort darin gelesen hatte. aber eines war nun auch klar: es gab jetzt kein zurück mehr. monika hatte anspruch darauf, dass ich mit ihrem geschenk, das ja in gewisser weise eine investition in meine zukunft war, sorgsam umgehe. und so blieb ich bei novalis und las drei jahre lang in diesen büchern.

mein erstes novalis-jahr verbrachte ich in frankreich, wo meine frau als fremdsprachenassistentin an einem lycée arbeitete. bevor ich nachfuhr, wartete ich noch in wien die ankunft des letzten novalis-bandes ab. dann wechselte ich aus der wiener kleinwohnung in eine winzigstwohnung, eine art besenkammer, unweit der kathedrale von reims. das zimmer war so klein, dass ein doppelbett darin keinen platz fand. wir mussten uns mit einer luftmatratze behelfen, die wir tagsüber an die wand lehnten. jeden morgen fuhr ich mit unserem mausgrauen 2cv in die vorstadt von reims, um ein apartment aufzusuchen, dessen besitzerin zu dieser zeit gerade in die umgekehrte richtung, in die innenstadt fuhr, um ihre arbeit als sekretärin im lycée jean jaurès zu verrichten. marie-jo hatte mir in ihrer wohnung einen arbeitsraum zur verfügung gestellt. dort saß ich dann tag für tag und las novalis.

in unmittelbarer nähe meines arbeitsraumes stand ein wasserturm, der am späten vormittag seinen schatten auf mein fenster warf. diesen betonriesen, der die ganze siedlung überragte, machte ich zu meinem kontrolleur. ich hatte den ehrgeiz, jeden tag, wenn der schatten kam, ein bestimmtes lektüre-pensum hinter mich gebracht zu haben. ich war allein in einer fremden wohnung. die ablenkungsgefahr konnte größer nicht sein. ich stand auf, ging in die küche und schaute in alle schränke und schubladen hinein. bald stand ich erneut auf und ging ins schlafzimmer.

marie-jo war unverheiratet, aber sie hatte ein großes französisches bett. oder ich stand auf und ging ins badezimmer. dort stieß ich auf marie-jos unterwäsche, die sie, unabhängig von der anderen wäsche, zwischendurch wusch und über der badewanne aufhängte. tag für tag beobachtete ich die kleinen veränderungen in der wohnung. mir fiel auf, was sie am vortag, bevor sie von der arbeit heimkam, eingekauft und was sie am abend gegessen hatte. ich beobachtete den langsamen verbrauch und neuerwerb der waren im kühlschrank und ich kam dahinter, welches geschirr marie-jo zum frühstück und welches sie zum abendessen benutzte. einmal standen da vom vorabend noch zwei weingläser. sie hatte also besuch gehabt. eine kollegin oder herrenbesuch? alles ließ sich rauskriegen, ich musste nur die spuren systematisch und sorgsam studieren.

novalis und sein werk, marie-jo und ihre wohnung waren zwei menschliche gewirke, die ich parallel zu entschlüsseln trachtete. es waren zwei tätigkeiten, die wechselweise voneinander ablenkten. saß ich über den büchern, hatte ich lust, mich in der wohnung umzusehen. inspizierte ich dann den schlafzimmerschrank und die art, wie die wäsche einsortiert war, kam mir die novalis-lektüre als die wesentlich sinnvollere tätigkeit vor. das eigentümliche ist, dass mein verhalten in beiden gewirken dasselbe war. zuerst war ich distanzierter und neugieriger betrachter, dann begann ich behutsam einzugreifen, begann eigene spuren auszulegen.

ich absolvierte wie üblich meine kontrollrunden, beobachtete die veränderungen, die sich gegenüber dem vortag ergeben hatten. ein glas war benutzt worden und stand jetzt anders auf dem regal. ein geschirrtuch war ausgewechselt worden. im bad war dieselbe unterhose an die leine zurückgekehrt, die schon vor ein paar tagen dort gehangen hatte. im vorratsschrank stand immer noch dieses glas mit eingelegten kirschen. es war von anfang an da gewesen. ich hatte im laufe der wochen beobachtet, wie es sich langsam in den hinteren teil des schrankes bewegte, um anderen vorräten platz zu machen. durch neue einkäufe war es nun noch weiter nach hinten geraten und kaum noch sichtbar. da es aus dem kreislauf von essen und einkaufen herausgehalten wurde, wirkte es auf mich wie ein von marie-jo vernachlässigtes hässliches entlein. möglicherweise hatten diese kirschen aber auch eine besondere bedeutung und warteten geduldig auf den anlass, der ihres verzehrs würdig war. plötzlich hatte ich unbändige lust, diese kirschen aufzuessen. das war nicht vereinbart, das war nicht geplant. ich tat es einfach. aber das hatte folgen. man isst nicht ungestraft in einer fremden wohnung ein glas kirschen.

mit dem klack des deckelöffnens hatte sich mein status in der wohnung geändert. es war etwas neues in gang gekommen. ich hatte aufgehört, das fremde gewirk nur zu beobachten, ich hatte begonnen einzugreifen. in so einem fall muss man zumindest für ersatz sorgen. das gleiche glas kirschen war im benachbarten supermarkt nicht zu bekommen. und so kaufte ich ein zwetschkenkompott. bevor ich am späten nachmittag aufbrach, schrieb ich einen brief, um die vorgänge zu erklären. als ich am nächsten morgen zurückkam, fand ich auf meinem arbeitstisch fruchtsäfte und schokoladen vor. und ein briefchen, das mich ausdrücklich dazu ermunterte, alles zu essen und zu trinken, worauf ich lust hatte. und so durchforstete ich die vorratsschränke nach dingen, die mir schmecken könnten und hinterließ am abend einen kleinen einkauf und ein briefchen. wenn ich am morgen zurückkam, lag auch auf meinem schreibtisch ein briefchen und eine von tag zu tag wechselnde auswahl von reimser spezialitäten.

als ich den ersten dieser briefe las, war ich verwirrt. ich meinte, alles in der wohnung zu kennen, aber dieses mit blumen bedrukkte briefpapier war mir bislang noch nicht untergekommen. es wollte mir nicht recht einleuchten, dass marie-jo ihr briefpapier tagaus tagein mit sich herumträgt, also musste es in dieser wohnung noch geheime orte und verstecke geben, die mir bislang entgangen waren. ich machte mich sofort an die arbeit und suchte, ungeachtet des drohend näher rückenden wasserturmschattens, so lange, bis ich das versteck fand. der stift, mit dem marie-jo den brief geschrieben hatte, lag auf dem esstisch. ein starker hinweis. ich fand heraus, dass sich die platte des esstisches aufklappen ließ. darunter war nicht nur dieses briefpapier, sondern die gesamte korrespondenz verwahrt. ein neues reich tat sich auf, ein tiefer einblick in das privatleben der sekretärin marie-jo.

und so las ich, was meinem französisch im prinzip gut tat, die briefe, die marie-jo im verlauf ihrer zwei oder drei reimser jahre erhalten hatte. parallel dazu las ich die korrespondenz, die der junge student friedrich von hardenberg mit seinem bruder erasmus führte. novalis hatte zu seinem um zwei jahre jüngeren bruder ein sehr inniges verhältnis. wenn man erfahren will, was der junge freiherr von hardenberg während seiner studienjahre in jena, leipzig und wittenberg so trieb, wird man am ehesten in den briefen an erasmus fündig. er tat im grunde genau das, was man von einem gut aussehenden studenten besserer herkunft erwartet. er hatte, sehr zum missfallen seines vaters, eine neigung für bürgermädchen entwickelt. ob er sie je geheiratet hätte? im falle der leipziger julie ist dies sogar denkbar. aber der vater war strikt dagegen.

bei beiden korrespondenzen, bei der des novalis und bei den briefen an marie-jo stieß ich auf dasselbe problem. wer ist wer? und in beiden fällen war das problem schwer zu lösen. erwähnt zum beispiel novalis den namen seines studienfreundes burgsdorff, dann steht in den anmerkungen: ludwig christoph von burgsdorff, siehe register. aber den register-band konnte ich nicht zu rate ziehen, es gab ihn noch nicht und es sollte ihn während der gesamten zeit meiner novalis-arbeit nicht geben.

mit den briefen, die in marie-jos esstisch versteckt lagen, ging es mir nicht viel anders. manche namen ließen sich aus dem zusammenhang erschließen, manche absender durch den nachnamen zuordnen. offenbar die mutter, offenbar die schwester. aber wer ist michel? ich konnte marie-jo, wenn wir manchmal am abend zusammen mit anderen sekretärinnen und sprachassistentinnen ins kino, ins theater oder in die disco gingen, schwerlich danach fragen. bei novalis konnte ich wenigstens die biographische sekundärliteratur zu rate ziehen. gerhard schulz wusste zu jedem studienort von novalis auch eine begehrte dame anzuführen.

aus der grenzüberschreitung, die mit der öffnung des kirschglases begonnen hatte, war im handumdrehen ein gemeinsamer haushalt geworden, den wir bloß zu unterschiedlichen zeiten benutzten. ich war tischgänger, marie-jo war bettgänger in diesem haus. jeder tag brachte kleine geschenke und briefchen, die am morgen auf meinem schreibtisch und am abend auf ihrem esstisch hinterlegt waren. so lernte ich nach und nach novalis kennen.

Dieter Kühn

Kurzer Seitenblick auf Novalis

Das erste der *Neuen Fragmente* von Novalis lautet: »Als Fragment erscheint das Unvollkommne noch am erträglichsten – und also ist diese Form der Mitteilung dem zu empfehlen, der noch nicht im ganzen fertig ist – und doch einzelne merkwürdige Ansichten zu geben hat.«

Damit ist auch das Schreibprogramm dieses fragmentarischen Beitrags formuliert, der ein Zeichen setzen soll – und mehr ist nicht vorgesehen im Kontext der Anthologie.

Novalis, *Werke und Briefe*, Dünndruckausgabe im Oktavformat, München 1953: vom Frühsemestler gewissenhaft gelesen von Seite 7 bis 788. Damals noch zaghafte Bleistiftmarkierungen, Marginalien in Schönschrift. Die sollten mich aufmerken lassen bei späterer Gegenlektüre; die findet nun statt.

Friedrich von Hardenberg, Künstlername Novalis, ist mit einem der Texte für mich langfristig virulent geblieben: *Die Christenheit oder Europa*. Dieser Aufsatz aus dem Jahre 1799 hat mich damals schon verwundert und geärgert.

Gleich der erste Satz weckte Mißtrauen: »Es waren schöne glänzende Zeiten, wo Europa ein christliches Land war, wo eine Christenheit diesen menschlich gestalteten Weltteil bewohnte; ein großes gemeinschaftliches Interesse verband die entlegensten Provinzen dieses weiten geistlichen Reichs.« Das kann doch nicht wahr sein!, hat sich der damals etwa zwanzigjährige Leser gesagt, so harmonisch kann es einfach nicht gewesen sein!

Weiteres, besonders ärgerliches Zitat: »Emsig suchte diese mächtige friedenstiftende Gesellschaft alle Menschen dieses schönen Glaubens teilhaftig zu machen und sandte ihre Genossen in alle Weltteile, um überall das Evangelium des Lebens zu verkündigen und das Himmelreich zum einzigen Reiche auf dieser Welt zu machen. Mit Recht widersetzte sich das weise Oberhaupt der Kirche frechen Ausbildungen menschlicher Anlagen auf Kosten des heiligen Sinns und unzeitigen gefährlichen Entdeckungen im Gebiete des Wissens.« Und so weiter.

Vielleicht war (auch) hier die Herausforderung, zu erkunden, wie es denn nun wirklich zugegangen war im Mittelalter der großen Dichter, die ich früh schon bewunderte: Wolfram und Gottfried. (Hinzukamen Oswald und Neidhart.) Der Aufsatz als subkutanes Stimulans? Langzeitwirkung in ständigem Abwehrreflex?

Die Enttäuschung und Empörung kann durch Erklärungen gemildert werden: Dieser Text als eine von verklärter Vergangenheit abgeleitete Utopie ... Ein Wunschbild, schein-historisiert ... Eine in die Vergangenheit zurückprojizierte Utopie, als Impuls für einen Entwurf einer neualten Gesellschaft ...

Dies wurde sogar aufgegriffen, zumindest von Friedrich Schlegel, einem der Freunde des Friedrich von Hardenberg: *Mein ander Ich*. Auch wenn der Aufsatz erst 1826 gedruckt wurde, Schlegel kannte ihn: ständiger Austausch im Freundeskreis (»symphilosophieren«). Frucht der Symbiose: Schlegels Gedicht *An die Deutschen*, 1800: »Vergeßt auf ewig ihr der hohen Ahnen?« Gesamttenor: Belebt sie wieder, die grandiose Vergangenheit, und wir finden zurück zur deutschen Führungsrolle in Europa.

Verklärung des Mittelalters im Aufsatz, Verklärung des Mittelalters im Erzähltext *Heinrich von Ofterdingen*. Ein Minnesänger als Haupt- und Leitfigur des Romanfragments. Hier wird kompatibel, was Novalis erörterte und was er erzählte: schöngefärbtes Mittelalter! Novalis erfüllte auch hier sein Schreibprogramm (Stichwort: »Poetisierter Idealism«); Leser des 21. Jahrhunderts haben andere Maßstäbe.

Wer Erzähltes erwartet in diesem Roman, wird weithin enttäuscht. (Zwischenfrage: Verstand Novalis dieses Buch überhaupt als Roman, dürfen wir hier einen Roman sehen in unserem Sinne? Tieck hat in einem postumen Bericht zum Fragment den *Ofterdingen* als Roman bezeichnet. Die Gattungsbezeichnung hatte damals freilich ein weites Spektrum. So bezeichnete Herder die Dramen Shakespeares als »philosophische Romane« und selbst die *Divina Commedia* wurde zu jener Zeit als Roman klassifiziert.)

In diesem Roman finden lange, auch poetologische Gespräche statt zwischen Heinrich und dem weisen Klingsor – etwa in diesem Tonfall: »Ich verstehe Euch, lieber Meister. Die Menschen sind Kristalle für unser Gemüt. Sie sind die durchsichtige Natur.« Totale Transparenz erwünscht?

In jenem idealisierenden Text fällt sogar das Stichwort Krieg. Heinrich spricht: »Der Krieg überhaupt scheint mir eine poetische Wirkung. Die Leute glauben sich für irgend einen armseligen Besitz schlagen zu müssen, und merken nicht, daß sie der romantische Geist aufregt, um die unnützen Schlechtigkeiten durch sich selbst zu vernichten.«

Höchst verwunderlich! Auch Novalis lebte in der Zeit der Napoleon-Kriege, die französische Armee weiträumig als Besatzungsmacht, ständig Feldzüge, ständig Schlachten. In diesen Kriegsjahren, Krisenjahren: Krieg als Katharsis?

Und das Thema Liebe? Das Mittelalter-Paar kommuniziert wie folgt: »Ja Mathilde, die höhere Welt ist uns näher, als wir gewöhnlich denken. Schon hier leben wir in ihr, und wir erblicken sie auf das innigste mit der irdischen Natur verwebt.« – »Du wirst mir noch viel herrlichere Sachen offenbaren, Geliebtester.« – »O! Mathilde, von dir allein kommt mir die Gabe der Weissagung.«

Protuberanzen über ein Sujet hinaus, das keine Präsenz gewinnt, erzählerisch, das eher von Verklärung umflimmert wird. Als Gegenbild: im Jahre 1790 (Novalis war 18) vollendete Karl

Philipp Moritz seinen Roman *Anton Reiser* – hier wird Welt vermittelt, hier wird *erzählt*!

Novalis und sein Mittelalter, diskursiv wie narrativ evoziert: Weihrauchschwaden steigen auf, es bildet sich eine Weihrauch-Nebelwand – dahinter poetisch Buntes, jedoch konturlos.

Zum frühen Ärger frühe Bewunderung: Welch ein Spektrum, welche Spannweite im Werk des Dichters, der schon mit 29 starb! Hochromantische Gedichte, zwei Romanfragmente, knappe *Fragmente und Studien* zu diversesten Themen. Der Autor hatte die Bergakademie zu Freiberg absolviert, als Bergbau-Experte unternahm er wiederholt Dienstreisen, verliebte sich in die zwölfjährige (ganz und gar nicht lolitahafte) Sophie von Kühn, die – zwei Jahre später von Schwindsucht dahingerafft – Objekt postumer Verherrlichung wurde.

Bergbauexperte Friedrich von Hardenberg: »Das Flöz liegt zwischen fettem bläulich grauem Ton, der sehr gut steht und durch und durch mit unvollkommnen Frauenglaskristallen gemengt ist. Der Flöz ist durch ein 6˝ Bank von braunem Ton geteilt – das obere Flöz ist 6–8˝ mächtig und das untere 3˝. Die Kohle gehört zu keiner der bekannten Steinkohlenarten. Sie hat ein schiefriges Gefüge und schimmert streifig.« Dieser Fachmann war »down to earth«.

Dichter Novalis hingegen ließ Dichter Heinrich so intonieren: »Nicht die Schätze sind es, die ein so unaussprechliches Verlangen in mir geweckt haben; fern ab liegt mir alle Habsucht: aber die blaue Blume sehn ich mich zu erblicken. Sie liegt mir unaufhörlich im Sinn, und ich kann nichts anders dichten und denken.«

Was ich hier schreibe, entspricht nicht der Sorgfalt, mit der ich (etwa zwanzigjährig) das Werk gelesen hatte, begeistert vor allem für die *Hymnen an die Nacht* – Ferment erster lyrischer Versuche. Was ich hier schreibe, steht auch nicht in Sichtverbindung zur Novalis-Forschung. Es sind sind »Gedankensplitter«, mehr nicht. (Damit freilich durchaus im Sinne von Novalis.)

Die als »enzyklopädisch« gefeierten Fragmente jener Zeit, als Form vor allem vom Freund und Kollegen Schlegel favorisiert und auf hunderten von (heutigen) Druckseiten ausgebreitet: überwiegend philosophische Notizen, begonnen mit dem Studium in Köln (»Materialienmagazin«). Bei Novalis nun erweiterte sich das Spektrum: »Philosophie, Mathematik und Naturwissenschaften, Medizin, Psychologie, Philologie und Kunst, Staats- und Menschenlehre, Kosmologie und Religion.« So steht es aufgelistet im Inhaltsverzeichnis. Riesige Bandbreite zwischen »Universalpoesie« und (sogar noch) »Physik«.

(Anmerkung: Physik wurde allerdings nicht als Naturwissenschaft im heutigen Sinne aufgefaßt, sie war für Novalis eher eine Form der Naturphilosophie. Das machte Synthesen leichter. Schlegel in einem Brief an Schleiermacher, der (wie Fichte) zum Jenaer Freundeskreis gehörte: »Hardenberg ist dran, die Religion und die Physik durch einander zu kneten. Das wird ein interessantes Rührei werden.«)

Zum Nicken wiederholt Kopfschütteln bei der Lektüre. Wie, zum Beispiel, konnte man in der Ära der französischen Revolution folgenden Satz niederschreiben? »Der König ist das gediegene Lebensprinzip des Staats; ganz dasselbe, was die Sonne im Planetensystem ist.« Da hätte ein Sonnenkönig zufrieden gelächelt …

Weiteres Beispiel: Fragment zum Thema Mann und Frau. »Die Frau ist das Symbol der Güte und Schönheit – der Mann das Symbol der Wahrheit und des Rechts.« Zu solchen Sätzen finde ich keinen Bezug (mehr).

Formulierungen der Verstiegenheit: »Der echte Dichter ist allwissend.« Dazu passend, als Gegenbild, fatal: »Lessing sah zu scharf und verlor darüber das Gefühl des undeutlichen Ganzen, die magische Anschauung der Gegenstände zusammen in mannigfacher Erleuchtung und Verdunklung.«

Und wiederum frappierende Formulierungen! »Irrtum ist das notwendige Instrument der Wahrheit.« Oder: »Erklärungen sind verdaute Geheimnisse.« Oder: die Hypothese vom »Primat des Auges und der Annäherung aller Materie dem Lichte« – frühe Vorwegnahme der Welle-Korpuskel-Dualität?

Grandios der Entwurf einer neuen Poetologie: »Erzählungen, ohne Zusammenhang, jedoch mit Assoziation, wie Träume. Gedichte – bloß wohlklingend und voll schöner Worte – aber auch ohne allen Sinn und Zusammenhang.« Auch dies: klingt nach, wirkt nach, hält Erinnerung wach an Novalis.

Sabine Schiffner

Schneeweißchen und Rosenrot

»Schneeweißchen und Rosenrot, schlägst dir den Freier tot.« Was sich mir von Märchen einprägt, ist weniger die Handlung, sondern meist nur ein Wort oder ein Satz, der eine poetische Qualität hat. Oft geben diese Worte und Sätze einen Impuls für das Schreiben. Besonders wenn ich an *Schneeweißchen und Rosenrot* denke, wird dieser Impuls ausgelöst, der Inspiration ist, die von der Erinnerung lebt. Die Schönheit des Märchentitels, die Vorstellung von der Gegensätzlichkeit der beiden Protagonistinnen, gibt mir immer wieder neuen Grund, um etwas zu schreiben über das zwanghafte Wiederholen von Familienkonstellationen, über die Angst vor der Liebe und vor dem Sterben.

Die Handlung des Märchens bleibt seltsam blass. Es vereinigt alle Stereotypen, die armen guten Mädchen, den bösen Zwerg, der den Prinzen verzaubert und ihm seine Schätze geraubt hat, und den Prinzen in Bärengestalt, dem die Mädchen unwissend helfen und der sie anschließend auf sein Schloss holt. Die Geschichte hat keine echte Spannung und erlaubt kaum Katharsis.

Und doch ist dieses Märchen symbolisch für mich. Es erinnert mich an meine Kindheit. Immer wieder vermischen und vermischten sich Teile aus ihm mit meiner Wirklichkeit. Meine Großmutter hat einmal meiner Schwester und mir einen weißen und einen roten Rosenstock geschenkt, genau wie die beiden braven Schwestern sollten auch wir zu braven hausfraulichen Mädchen erzogen werden.

Dann aber findet wie in der Wirklichkeit auch im Märchen ein Bruch statt und das Erwachsensein der Mädchen beginnt. Der furchtbare Satz »Schneeweißchen und Rosenrot, schlägst dir den Freier tot«, der einerseits spaßhaft gemeint ist, andererseits ankündigt, dass Schneeweißchen (es wird vom »es« zum geschlechtsbereiten »sie«) sein Glück machen wird, ist die Vision dessen, was die der Unschuld Entwachsenen aneinander tun; als ich am Sonntagabend den Fernseher anschalte und einen Tatort sehe, zitiert ein psychopathischer Mörder genau diesen Satz.

Sind einmal sprachliche Teile eines Märchens in meine Wirklichkeit eingedrungen, lassen sie mich nicht mehr los, kommen immer wieder. Erst beim Schreiben kann ich mich ihrer entledigen.

Reiner Kunze

Unzensiertes über Heinrich Heine

1

> Um den Einzeldruck veranstalten zu können, mußte mein Verleger das Gedicht den überwachenden Behörden zu besonderer Sorgfalt überliefern, und neue Varianten und Ausmerzungen sind das Ergebnis dieser höheren Kritik.
>
> Deutschland. Ein Wintermärchen, Vorwort

Eine zensierte Dichtung mit einem unzensierten Vorwort, in dem »sehr unumwunden« auf die Zensur verwiesen wird – und ein Verleger hat es gedruckt!

2

> Die deutschen Zensoren -
> -
> -
> - - - - - - - - - - - - - - - - - Dummköpfe - - - - - - - - - - - - - - - - -
> -
> -

Hier sei Heinrich Heine seiner Maxime, »nicht für ein Land nur, sondern für die Welt« zu schreiben, untreu geworden, meinte mein slawischer Kollege N. N.

3

> Und gesegnet sei der Gewürzkrämer, der einst aus meinen Gedichten Tüten drehen wird, um Kaffee oder Tabak für die armen, guten alten Weiber hineinzuschütten …

Heine auf Tüten – das Risiko wäre zu groß.
Man stelle sich vor, auf einer Tüte steht der Vers:

Ich fühlte, wie über die Stirne mir
Auch manchmal etwas gestrichen,
Gleich einer kalten Zensorenhand,
Und meine Gedanken wichen –

Und auf einer anderen:

Der König liebt das Stück. Jedoch
Wär' noch der Autor am Leben,
Ich riete ihm nicht, sich in Person
nach Preußen zu begeben.

Die Verwirrung unter den armen, guten alten Weibern könnte unabsehbare Folgen haben.
Eher Heine *in* Tüten, fein abgewogen.
Und der Name hebt das Ansehen des Ladens.

4

Ich war damals der Meinung, die Lächerlichkeit des Donquichottismus bestehe darin, daß der edle Ritter eine längst abgelebte Vergangenheit ins Leben zurückrufen wollte und seine armen Glieder, namentlich sein Rücken, mit den Tatsachen der Gegenwart in schmerzliche Reibungen gerieten. Ach, ich habe seitdem erfahren, daß es eine ebenso undankbare Tollheit ist, wenn man die Zukunft allzu frühzeitig in die Gegenwart einführen will und bei solchem Ankampf gegen die schweren Interessen des Tages nur einen sehr mageren Klepper, eine sehr morsche Rüstung und einen ebenso gebrechlichen Körper besitzt!

Die Zukunft allzu frühzeitig in die Gegenwart einführen oder sich nicht mitschuldig machen zu wollen, daß sie allzu spät eingeführt wird, und die Vergangenheit beim Namen zu nennen, selbst wenn sie sich für die Zukunft ausgibt – das ist die Tollheit der Dichter.
Gewiß, nicht nur der Dichter. Und nicht aller.
Dem Rest winkt in der Hand des Zensors ein Blatt vom Lorbeerkranz Heinrich Heines.

Arnold Stadler

Mörike mon amour

Auch mir wurde in der Schule mancher Dichter fürs Leben verdorben, und manch literarische Form, die sogenannte Ballade, zum Beispiel.

Wohl wegen der Unzeit: Was interessiert einen Sechzehnjährigen die Iphigenie auf Tauris? Wahrscheinlich hat jeder Autor und jedes Buch seinen kairos.

Aber Mörike liebte ich schon in der Schule. Ich war ansprechbar oder gestimmt für diesen Ton seiner Gedichte. Für den *Gesang Weylas,* zum Beispiel: *Du bist Orplid, mein Land! / Das ferne leuchtet.* Und konnte nicht einmal sagen, warum. Aber so geht es mir mit dem meisten, was mich bewegt: ich kann nicht sagen, warum. Und wollte es auch nicht. Und würde es auch nicht. Vielleicht war es im *Gesang Weylas* auch die Sehnsucht, in die ich mich, weit weg von jeder Insel (die Mainau zählte nicht), hineinversetzen konnte. Dieser Mörike, 1804 im kleinen Ludwigsburg geboren, zeitlebens ein Seminomade in der kleinen schwäbischen Welt – wie oft ist er umgezogen? –, dessen weiteste Reise von Stuttgart nach München führte, der das Meer nie gesehen hat und sich mit dem Bodensee zufrieden geben mußte, mit Lindau als Orplid-Ersatz. Dieser Mörike schrieb also Gedichte, während andere Karriere machten.

Wenige Gedichte. (Ich will mir auch hier nicht mit der banalen Erklärung weiterhelfen, daß Mörike als faul galt, untätig, sich treiben ließ und ihm die Kraft zu einem Entschluß im Leben fehlte wie auch zu ausufernden Werken. Politisch korrekt wäre es heute vielleicht, von *antriebsschwach, depressiv verstimmt etc.* zu sprechen. – Briefe beantwortete er gar nicht oder nach Jahren. Und doch gilt er als einer der größten Briefe-Schreiber, vor allem an seine Frauen, die zeitweise nichts anderes als Brieffreundinnen sind. Diese seine Art macht die Vorstellung vom politischen Mörike vollends absurd.) Doch was für Gedichte! Ein Glück für alle, die bewegt sind von einem Vers wie *Was aber schön ist, selig scheint es in ihm selbst.*

Mörike ist mir der liebste aller evangelischen Geistlichen, die Gedichte schrieben. Schon mit 39 als Geistlicher pensioniert, krankgeschrieben, hatte er fortan und vielleicht auch bis dahin schon sein Glück vielleicht eher in der irdischen Liebe gesucht, und nicht in der himmlischen, vielleicht gab auch für ihn wie für Mohammed und andere Heilige die irdische Liebe das Bild für die himmlische ab. Täusche ich mich? – So weit weg von Erlösung, so nah bei dir, Gretchen.

Als wäre dies nicht genug, hatte er zu Hause also auch noch einen Marienaltar, als wäre es mit den Frauen nicht genug.

Mörike war vielleicht, wie Hebel, ein Kryptokatholik, das heißt: einer, dem die eigentliche Botschaft ganz unwichtig, die Form hingegen ein Halt gebendes Alles ist – und in jedem Katholiken steckt ja vielleicht auch ein Kryptoheide, sehnsuchtsvoll verbunden mit allem, was sichtbar ist und nicht bleibt. Voller Liebe zu allem, was schön und vergänglich ist. Als wäre es ein Idyll.

Darauf kann einer kommen, der Mörike liest.

Klaus Böldl

Reise zum Mittelpunkt der Erde
Eine Notiz zu Adalbert Stifters Erzählung ›Granit‹

Es ist mehr als ein Vierteljahrhundert her, doch erinnere ich mich mit einer fast gespenstischen Deutlichkeit an meine erste Stifter-Erzählung; und mehr noch als der unmittelbare Eindruck, den *Granit*, die Eingangsgeschichte der *Bunten Steine*, damals auf mich machte, sind mir die seltsamen und intimen Wirkungen im Gedächtnis geblieben, die sich in meinem Kopf beim Lesen und noch mehr im Nachhinein entfalteten. Die Weiten, die in der Geschichte geöffnet werden, wenn der Erzähler und sein Großvater beim Spazierengehen alle Orte und Plätze bis zum Horizont benennen, sind zu einem bleibenden Raumgefühl geworden, und in diesem Raum herrscht stets das gelblichgraue Tauwetterlicht eines frühen Märztags, das Licht der ersten Lektüre, das immer anzugehen scheint, sobald ich nur in die *Granit*-Geschichte hineinschaue, und etwa die unheimliche Gelassenheit bestaune, in der da von den Schrecknissen einer Pestepidemie berichtet wird. Als ob das liebevolle und zugleich doch so ungerührte Abtasten der Weltoberfläche, das Festhalten von Farben und Formen und Witterungen, das in den *Bunten Steinen* vor sich geht, damals gleich auf mich übergesprungen sei. Und so mag es auch gewesen sein.

Es gibt eindrucksvollere Erzählungen von Adalbert Stifter, gerade auch in den *Bunten Steinen*, aber *Granit* ist für mich immer eine besondere Geschichte geblieben, sicher auch wegen der Großvaterfigur, dessen bestimmte und freundliche Art, die Welt wieder ins Lot zu bringen und sie gleichzeitig auch noch zu erklären, mir von meinem eigenen Großvater sehr vertraut war.

Lange bin ich dann davor zurückgeschreckt, nach Südböhmen zu reisen, aus Angst, *Granit* und andere Erzählungen, in denen ich mich zu Hause fühle, auf eine nicht mehr gut zu machende Weise zu entkräften. Die Vorstellung, sich Stifters Landschaft unerzählt anzusehen, ja mit einem Fotoapparat ausgerüstet darin herumzustapfen, hatte beinahe etwas Frivoles. Und musste es einem durch Böhmen reisenden Stifterleser am Ende nicht ergehen wie dem kleinen Felix Krull in der Garderobe des Schauspielers Müller-Rosé, der sich, von der Theaterschminke gereinigt, als eine Erscheinung von geradezu ekelhafter Alltäglichkeit herausstellt? Durch die erzählten Landschaften, so stellte ich mir vor, würden von nun an stets die tatsächlichen hindurchschimmern, mitsamt den Tankstellen, Campingplätzen und Feriensiedlungen, mit denen doch auch diese entlegene Region unweigerlich längst durchwirkt sein musste.

Wodurch diese Bedenken am Ende doch zerstreut wurden, wüsste ich nicht mehr zu sagen. Vielleicht war es der Gedanke, etwas von der milden Genauigkeit, die die Welt von Stifters Erzählungen ausmacht, könnte abglanzweise doch im südwestlichen Winkel der Tschechischen Republik noch vorhanden sein, wenigstens im Auge des Betrachters. Jedenfalls ging ich an einem spätsommerlichen Septembertag bei Haidmühle über die Grenze, um von Nove Udoli, einem winzigen Endbahnhof einer vollkommen unbeträchtlichen Nebenstrecke, in die Stiftersche Kindheitslandschaft zu fahren, durch finstere Nadelwälder und an schon vom Herbstgelb angeflogenen Birkengehölzen entlang.

An Stifters Geburtshaus in Oberplan, dem heutigen Horní Planá, sind die letzten zweihundert Jahre nicht spurlos vorübergegangen. Auch die Landschaft selbst hat sich verändert: Sah man einst vom Stifterhaus hinunter auf ein Tal, wo die Moldau eine herzförmige Schleife beschrieb, so ist dieser Talgrund, halb verstellt durch ein Fabrikgebäude, heute von einem großen Stausee bedeckt, in dem auch ein Teil des Marktfleckens Friedberg, eines anderen Zentralorts der Stiftertopographie, versunken ist. Der große Stein aber »von der Gestalt eines sehr in die Länge gezogenen Würfels«, von dem zu Beginn der Erzählung die Rede ist, liegt noch immer an seiner Stelle neben dem Eingang des Hauses. »Die urältesten Greise unsers Hauses«, schreibt Stifter,

»waren auf dem Steine gesessen, so wie jene, welche in zarter Jugend hinweggestorben waren, und nebst all den andern in dem Kirchhofe schlummern.« Doch ist dieser Stein nicht nur ein fester Punkt im Meer der Zeit; er bildet auch die Mitte der erzählten Welt: Um den Stein herum ordnen sich dem Erzähler die Felder, Wiesen und Wälder der Gegend, und »unter den Dingen, die ich von dem Steine aus sah, war öfter auch ein Mann von seltsamer Art«, nämlich jener schelmische Pechbrenner, der dem kleinen Jungen erstmals die Erfahrung einer »fürchterlichen Wendung der Dinge« vermitteln wird.

Dass ein solcher zum Sitzen einladender Steinblock vor einem alten Haus die Generationen und sogar die Jahrhunderte überdauert, ist zwar im Grunde nicht weiter merkwürdig. Die Beständigkeit, mit der der titelgebende Stein jahraus jahrein diese vor einhundertfünfzig Jahren geschriebene Erzählung bekräftigt, die wiederum aus einer mehr oder minder flüchtigen Kindheitserinnerung entwickelt wurde, hat mich aber doch sehr beeindruckt. Die zeitlose Gegenwart, die die Erzählung dem Granitblock zuschreibt, und an der die Kraft der Erinnerung erprobt wird, hält noch immer an. Und so ist *Granit* für mich ein Stück Welt-Literatur gerade in dem ursprünglichen, nämlich zeitlichen Sinn des Wortes *Welt*: als der Spanne, die die Erinnerung des Menschen umfasst, und die sich manchmal außer in Bücher auch in die Gegenstände der Natur flüchtet.

Julia Franck

Büchners Lenz

Als ich den Lenz von Büchner mit achtzehn Jahren zum ersten Mal las, war ich fassungslos und spürte mein Herz rasen. Die scheinbar natürliche Sprachgewalt, mit der Büchner diese Novelle beginnt, das Ineinander, das Voran und Zurück, das Aufbäumen in fast jedem Satz – wie er sprachlich den inneren Zustand seines Lenz nachvollzieht und ausfüllt, ist atemberaubend. Kein Wort zuviel, keines zuwenig. Was den Text, der gemeinhin als Fragment bezeichnet wird und doch Literatur von höchster Brillanz ist, so einzigartig macht, sind seine Brüche: »er stand nun am Abgrund, wo eine wahnsinnige Lust ihn trieb, immer wieder hineinzuschauen und sich diese Qual zu wiederholen. Dann steigerte sich seine Angst [*in den*] Heilige [*n*] Geist stand vor ihm.« Es fehlen Worte im Text, es sind Auslassungen zu erkennen, die deutlich machen, wo Büchner noch hätte weiterschreiben wollen und können – wäre er nicht gestorben. Zugleich klaffen diese Lücken da, wo der Text reißt, und sie unterstreichen die Triebfeder ihres Protagonisten. »Ich verlange in allem Leben die Möglichkeit des Daseins« sagt dieser Lenz, und über ein sterbendes Kind heißt es: »Das Mädchen lag in Zuckungen, die Alte schnarrte ihr Lied und plauderte mit den Nachbarn.« Zum Plaudern anderer über den Tod hinweg gesellt sich die rastlose Unverfasstheit, ein Stolpern, ein Springen und Sprengen. So ist Lenz bald von der salbenden Heilsversprechung eines Oberlin und dem Empfinden der Wolkenbrüche, des Zweifels an Gott und der andauernden Verortung seiner selbst hin- und hergerissen – erschöpft und erschlagen. »Die Welt, die er hatte nutzen wollen, hatte einen ungeheuren Riß, er hatte keinen Haß, keine Liebe, keine Hoffnung, eine schreckliche Leere und doch eine folternde Unruhe, sie auszufüllen.«

Und ich muss gestehen, es war das erste Mal, dass ich nachvollziehen und empfinden konnte, warum es nach dem Erwerb der Rechtschreibung einen Deutsch-Unterricht an den Schulen gibt. Viel besser waren bis zum Erhalt des kleinen gelben Reclam-Heftchens mit dem Titel *Lenz Studienausgabe* durch unseren Lehrer Fehn die Lesestunden zuhause, von Hauff über Saint-Exupéry, von Kafka bis zu den Sagen der Griechen. Zugegeben, es waren nicht die besten Schulen, die ich besuchte, aber warum man dort über Jahre mit Alfred Andersch und Gerhart Hauptmann konfrontiert wurde, anstatt sogleich, ganz zu Anfang und vor jedem weiteren Darben mit Büchner, Kleist und Kafka unterhalten zu werden, das ist mir noch heute ein Rätsel. Meine Jugendliebe und ich lasen uns den Büchner auch außerhalb der Schule und abends im Bett gegenseitig vor, atemlos, erregt und ohne anschließend irgendeinen Schlaf zu finden. Wir besuchten szenische Lesungen in Berliner Hinterhoftheatern, wo ein einzelner Mann einen Monolog mit ihm führte, wir fragten uns, warum unser Lehrer so sehr an der Figur des Oberlin interessiert war, an unserer Einschätzung seiner Bedeutung. Aber keinen Augenblick fragten wir uns, warum Lenz (auch sein Pate aus der Vergangenheit, J.M.R. Lenz, wurde aus diesem Anlass in der Schule gelesen) die Berge hochrannte, wie die Menschen heute vielleicht die Wände hochrennen und sich an Seilen in die Tiefe stürzen – und sich dabei womöglich den Bruchteil einer Sekunde lebendig fühlen. Das Gewölk über ihm, der kalte Brunnen, die Aufregung und das schiere Lachen an Gott – all das enthält nicht nur das Expressionistische in seinen archetypischen Wurzeln, sondern kündet prophetisch vom Verderben der Kultur im 20. Jahrhundert, ihrer Implosion und Zerstörung in den 30er und 40er Jahren. Es ist vor allem eines konkret: das Scheitern eines freien, um nicht zu sagen wilden Geistes am christlichen Bürgertum. In meinen Augen gibt es kein Stück Literatur unter den Klassikern, das die Frage nach dem Zweifeln am menschlichen Dasein und der Ohnmacht im Körper so unbedingt stellt und erhellt wie diese brillante Novelle. Lassen wir die Erniedrigung »Fragment« beiseite, alles Fragmentarische, jeder Sprung, jeder

Riss in diesem Text lässt ihn glänzen und aufrecht und wahrhaftig erscheinen. Selbst wenn es heißt, dass Büchner die Novelle vor seinem frühen Tod leider nicht beenden konnte, so jagte er doch »mit rasender Schnelligkeit sein Leben durch und dann sagte er: konsequent, konsequent; wenn jemand was sprach: inkonsequent, inkonsequent;« – und das ist die Kluft unrettbaren Wahnsinns, des Wahnsinns durch die Ewigkeit. So sind es Büchners Worte, wahnsinnige Worte, die uns durch sie hindurch jagen.

MAIKE WETZEL

Verdammt, Woyzeck, da kommt mir die Liebe

Verdammt, Woyzeck, da kommt mir die Liebe. Ich sitze in einem fensterlosen Schuppen, die Türe steht weit offen, es ist warm, eine Palme ragt auf vor dem Haus. Die Berge brennen in der Ferne, das Gestrüpp darauf. *Wie hell! Über der Stadt is alles Glut! Ein Feuer fährt um den Himmel und ein Getös herunter wie Posaunen. Wie's heraufzieht! – Fort!* Vor dem Schuppen schreien die wilden Papageien. Sie haben nicht sprechen gelernt. Ihre Flügel sind ungestutzt, sie fliegen. Manchmal landen sie in der Nähe von Menschen. Sie bleiben nicht lang genug, um unsere Laute nachahmen zu können. Niemand ruft. *Zeig dein Talent! Zeig deine viehische Vernünftigkeit! Beschäme die menschliche Sozietät! ... Sehen Sie jetzt die doppelte Raison? Das ist Viehsionomik.* Die Tatzen der Waschbären drückten sich in den frischen Beton der Mauer, nebenan wohnen Tänzer. Das Tanzen bringt sie durch. Jede Nacht pressen sie ihre Hüften aneinander, folgen dem Rhythmus der Musik. *Was ein Mann, wie ein Baum! Was ein Weibsbild!* Wenn sie nach Mitternacht – müde, die Schuhe baumelnd in der Hand – ihre eigene Türe aufschließen, schreien sie sich an. Er: *Wild Tier!* Sie, drohend: *Rühr mich an!* Vor mir auf dem Tisch liegt das gelbe Heft. Es krächzt und stammelt, hetzt und flieht darin, ein bockiger, ein zärtlicher, ein zu Magenkrämpfen neigender, komischer Text. *Er läuft ja wie ein offenes Rasiermesser durch die Welt, man schneid't sich an Ihm; Er läuft, als hätt Er ein Regiment Kastrierte zu rasieren.* Draußen schleppen die mexikanischen Gärtner ihre Saugmaschinen ums Haus. Die Maschinen lärmen, der Dackel der Nachbarn kläfft, der Eismann lockt auf der Straße mit der immergleichen Melodie. Nimmersatt. *Was will Er denn mit der ungeheuren Zeit anfangen? Teil Er sich ein, Woyzeck!* Die Schläuche der Gärtner wirbeln das trockene Laub in die Luft, der Staub drängt sich durch die Ritzen der Fenster, wir husten und spucken aus. Ich greife zu dem dikken, bunten Magazin mit den Stars in Abendroben auf dem Titel, ich tauche ab in ihre Welt. Ihre Villen, Studios, Geschäfte tragen fast dieselbe Postleitzahl wie unser Haus hier. Vor dem Betreten ihres Rasens warnen Schilder, sie drohen mit Beschuss. Ich staune mit geöffnetem Mund. Die Kolibris stehen flatternd in der Luft vor den Blütenkelchen im Garten ... *die kleine Kanaillevögele. Sind Favorit von alle gekrönte Häupter Europas, verkündigen den Leuten alles: wie alt, wie viel Kinder, was für Krankheit.* Sie tunken ihre spitzen Schnäbel tief in den Kelch. Ich verschlinge die Geschichte über die tote Prinzessin. Wie sie putzt und glücklich ist im Einzimmerappartment ihres Liebhabers, wie der Hirnchirurg sie nicht heiratet und wie sie schließlich mit ihrem neuen Geliebten an einer Tunnelwand zerschellt. 1821 erstach ein Friseur seine Geliebte in ihrem Hauseingang. Ein Arztsohn aus Goddelau las davon in der *Zeitschrift für Staatsarzeneikunde* und schrieb den *Woyzeck*, ein dramatisches Fragment. Ich nehme das gelbe Heft mit in die Küche. Im Abfluss lauert eine Häckselmaschine, ein scharfes Drehkreuz, das alles zerkleinert. *Ein guter Mord, ein echter Mord, ein schöner Mord. So schön, als man ihn nur verlangen tun kann. Wir haben schon lange so keinen gehabt.* Eine Frau ist tot, ihr Liebhaber auch. Die Polizei verdächtigt den geschiedenen Ehemann, den Vater ihrer zwei Kinder, einen ehemaligen Sportler und Schauspielstar. Im Fernsehen läuft das Finalspiel der Basketballmeisterschaften. Die Übertragung wird unterbrochen. Der Sender zeigt den flüchtenden Verdächtigen, die Polizei jagt ihn quer durch Beverly Hills. *Es schaudert mich, wenn ich denke, dass sich die Welt in einem Tag herumdreht!* Die Kameras begleiten ihn vor Gericht, über viele Monate hinweg. Der Richter und die Geschworenen debattieren über Handschuhe auf Blumenrabatten, über Blut und Alibis. Sie reden und suchen nach Beweisen, doch tatsächlich dreht sich alles um zwei Farben und um ein Prinzip. Schwarz sind die Armen, weiß die Richter. Der Angeklagte ist nicht arm, aber schwarz. *Gesichtsmuskeln starr, gespannt, zuweilen hüpfend.*

Haltung aufgeregt, gespannt. Draußen hängt der Smog über der Stadt ... *so ein schöner, fester, grauer Himmel; man könnte Lust bekommen, ein' Kloben hineinzuschlagen und sich daran zu hängen, nur wegen des Gedankenstrichels zwischen Ja und wieder Ja – und Nein.* Die Nachkommen der Sklaven stehen vor dem Gericht, sie recken Schilder in die Luft. Später stürmen sie Geschäfte, plündern, randalieren. *Sehen Sie, wir gemeine Leut, das hat keine Tugend, es kommt einem nur so die Natur ... Ich glaub, wenn wir in Himmel kämen, so müssten wir donnern helfen.* Der Angeklagte zieht einen Handschuh an, den er getragen haben soll, als er zustach. Seine Hände sind zu groß, der Handschuh passt ihm nicht. Ich denke ans Märchen vom Aschenputtel, an abgehackte Zehen, gurrende Tauben und Blut im Schuh. Alles ist verdreht. *»Und ist kein Betrug in seinem Munde erfunden.«* Der Angeklagte wird freigesprochen. Ein anderes Gericht verhängt eine Geldstrafe. Der Angeklagte zahlt nicht. Jahre später schreibt er ein Buch und gibt dazu einem Fernsehsender ein Interview, in dem er den Mord beschreibt. *Stich, stich die Zickwolfin tot! – Soll ich? Muß ich? Hör ich's da auch, sagt's der Wind auch? Hör ich's immer, immer zu: stich tot, tot!* Er spricht von dem Messer, vom Blut, von dem Stöhnen, er erzählt, was er beim Töten empfunden haben würde. Es ist eine Übung im Konjunktiv, ein Goldtaler-Streich auf kaum bewachsenen Gräbern. Die Touristen pilgern zu der Villa, wo alles geschah. Auf den Hügeln über Hollywood verbrennt das Gras, die Berglöwen flüchten, die Asche glüht. *Wenn die Natur aus ist, das ist, wenn die Natur aus ist. Wenn die Welt so finster wird, dass man mit den Händen an ihr herumtappen muß, dass man meint, sie verrinnt wie Spinneweb. Das ist so, wenn etwas ist und doch nicht ist, wenn alles dunkel ist und nur noch ein roter Schein im Westen, wie von einer Esse.* Die Sonne brennt über dem Stillen Ozean. Ich öffne die Schiebetür zur Terrasse, ich nehme das gelbe Heft mit hinaus.

Roger Willemsen

Anti Karenina

Das literarische Gedächtnis ist auch ein kollektives Gedächtnis. Es bewahrt, was alle bewahrt haben, immer schon, und in seine Scheuern fahren alle ein: die Literaturwissenschaft, die essayistische Literaturkritik, das Feuilleton, die Curricula, die Arbeiter am Kanon, die Namensgeber für Plätze und Straßen, die Auftraggeber von Briefmarkenmotiven ... Sie alle tragen zu jener großen Fraglosigkeit bei, die irgendwann den Ausdruck »Klassiker« umgibt. Zum Weltkulturerbe wird, was einmal Prozess und Arbeit, dem Tag und der Zeitgenossenschaft geschuldet war. Was Autoren vielleicht unausgegoren und mit Makeln besetzt schien, das erhält als »Klassiker« einen Status von Unantastbarkeit, der den Tod eines Werkes besiegelt. Man muss es nicht mit Orson Welles halten, der einmal befand, »das Pantheon eignet sich sehr gut zu Schießübungen«, um in der fortlaufenden Kritik tradierter Werke ihre wahre Überlebensmöglichkeit zu erkennen.

Und was das Gute ist: Gerade in der Wiederbegegnung mit Klassikern, Büchern, die man früher schon las und in denen es vor Geschichte wimmelte, erhält man die einzigartige Möglichkeit, ein Erlebnis zu wiederholen. Jetzt erkennt man, wie alles fließt, wie die Zeit sich wandelte und man selbst in ihr und Bücher in ihr und in dem eigenen Selbst, man übergibt sie anschließend vielleicht sogar wieder dem Fluss, aus dem der Klassiker-Status sie riss.

Von den vier großen Romanen des 19. Jahrhunderts, in denen Männer Frauen zu Protagonisten erhoben – Flauberts *Madame Bovary*, Fontanes *Effi Briest*, Dickens' *Bleak House* und Tolstois *Anna Karenina* –, hat nach Jahren der Lektüre gerade der russische Roman am meisten Prägnanz eingebüßt. Warum? Seine Farben sind verblasst wie auf einer riesigen, verschossenen Tapisserie. Ich kann aus der Erinnerung den Kernkonflikt nicht mehr identifizieren, die Figuren-Konstellation nicht rekapitulieren, den »Realismus« nicht bestimmen. Ich sehe Pelze, Bauern in Braun, eine Bahnstation, der Name »Wronski« ist noch umgeben vom Ruch des gewissenlosen Verführers, und eine tiefe Schamhaftigkeit liegt über allem. Wohin ist *Anna Karenina* in meiner Erinnerung entwichen? Und warum?

Gut 1700 Seiten Lektüre später hat sich die Ratlosigkeit, diesem »bedeutendsten Gesellschaftsroman aller Zeiten« gegenüber nicht verflüchtigt, und Thomas Manns dickes Lob scheint mir so nichtssagend wie vermessen. Außerdem verfehlt. Einmal, weil ein Gesellschaftsroman in den Zungen der Gesellschaft sprechen können muss. Tolstoi aber bringt nicht die Mitglieder der Schichten zur Sprache, sondern er deklamiert ihre Standpunkte, ihre Stimmen funktionalisierend. Sein Roman ist explizit und deskriptiv, aber er ist nicht expressiv. Er spricht keine Soziolekte wie die Figuren bei Dickens, sondern er variiert die eine Stimme des auktorialen Erzähler-Ichs.

Der »Realismus« von *Anna Karenina* ist kein sozialer und kein psychologischer. Er kennt keine tiefenscharfe Betrachtung der zeitgenössischen, harten Abgrenzung der Klassen. Eher tableauartig und wie in Funktionsmasken werden die Schichten gegeneinander gesetzt: Romantisierte Bauern in der drückenden Idylle vorindustriellen Lebens, durch die Feier der körperlichen Arbeit von Intellektuellen, Neureichen und Snobs geschieden, die virtuell einen Begriff der Dekadenz aufrufen, der aus ihnen allen Opfer ihrer Nervenschwäche macht. Als Objekt aufklärerischer Anstrengungen aber bleiben auch die Bauern schließlich enttäuschend. Nach der Ablösung von Feudalherrschaft und Leibeigentum werden sie für den Reformer zu einer einzigen Enttäuschung, erweisen sie sich doch eigentlich als nur durch Gewalt führbar.

Tolstoi kennt keine Thematisierung des Geldverkehrs wie bei Balzac und Zola, seine Figuren sprechen, wie Aubrey Beardsley über Shaw gesagt hat, eher »Leitartikel für verteilte Rollen«. Wenn man also nach »Realismus« sucht, so findet man ihn weniger im gesellschaftlich Authentischen, als in der Einführung öffentlicher Debatten in den Roman. In der Sache verwittert und eher im Stil des Tageskommentars gehalten, thematisieren solche Einschübe die Verwaltungsreform, Bildungsfragen, die Frauenemanzipation, die Erziehung der Bauern, ja, der glücklose Reformer Lewin durchstreift dilettierend so viele Regionen des Geisteslebens, dass man sich an Flauberts *Bouvard und Pécuchet* erinnert fühlt. Beide, Tolstoi und Dostojewski sind auch Journalisten. Während der letztere aber die partikularen Einzelthemen unter große Bögen spannt, reiht Tolstoi seine Leitartikel nebeneinander wie im Fortsetzungsroman, und er tut dies in einem gleichförmigen, von keinem Rhythmuswechsel akzentuierten Fluss.

Auch setzt der Gesellschaftsroman eine realistische Psychologie voraus. Doch sind die Impulse in *Anna Karenina* vor allem moralisch, durch Stolz und Scham geleitet, aus einem diffusen Zusammenhang von Psychologie und gesellschaftlicher Konvention abgeleitet. In keinem Roman wird so viel errötet wie hier, und passend dazu war kaum ein psychologischer Roman, kaum ein Gesellschaftsroman, kaum ein Roman um eine Liebe je so unerotisch wie dieser. Sexualität ist kein Motiv, Anna Karenina besitzt keinen Körper, und wenn sie errötet, so geschieht es wie als Verweis auf die Schuld des Begehrens, das als Inbegriff des Verdrängten unter dem Pflaster liegt, auf dem die Figuren arbeiten und tanzen.

Und die Liebe? Sie kommt schwach motiviert, am Gegenüber nur lose befestigt und allein im Deutungsdelirium der Frau beheimatet auf die Welt, sie ist ein moralisch-illusionärer Komplex. Die Illusionen seiner Protagonistin sind Tolstoi fraglos peinlich, er zitiert sie bloß, gibt ihnen ungern direkten Ausdruck.

In der Tat liegen Welten zwischen Flauberts berühmtem Satz »Madame Bovary bin ich«, und dem sichtbaren Desinteresse Tolstois an seiner Heldin. Ja, nicht einmal die Antipathie, zu der er sich ihr gegenüber bekannte, hat ihn veranlasst, gegen Karenina zu schreiben. Sie ist einfach, wie es mehrfach im Roman heißt, »eine wahre Romanheldin«, und das heißt auch papiern, mit eingebildeten Problemen und einer dramaturgischen Funktion im Ganzen, die sich bereits hundert Seiten vor Schluss mit dem Selbstmord Anna Kareninas erschöpft. Und auch hier: welches Leiden des Autors Flaubert an seiner von Illusionen verzogenen Heldin, welches Drama, welche bestialische Qual in ihrem Selbstmord! Welche Kälte, welche Lakonie, welches Desinteresse im Schluss bei Tolstoi!

Dieser Schluss setzt obendrein früh ein, denn im letzten Drittel hat der Roman eigentlich kein tragfähiges dramaturgisches Problem mehr. Er muss folglich stehen und bewegt sich eher in die Breite als in die Tiefe, und so erstaunt es allenfalls im Hinblick auf die Bedeutung des Autors Tolstoi, dass er seine Heldin nicht graduell, nicht Schritt für Schritt verändert, sondern dass er ihren Charakter über hunderte von Seiten statisch anlegt und dann in einem einzigen Absatz ihren Charakter deskriptiv verändert und ins Antipathische wendet. Und das durch eine abrupte, schlichte Aufzählung: Anna war inzwischen kokett, nachlässig, oberflächlich geworden und hatte als Mutter versagt. »Welch gewaltsames Verfahren«, würde Gerichtsrat Walther bei Kleist sagen. So unvorbereitet kommt das daher, als entstamme diese Volte direkt der Gereiztheit des Autors über eine in Ungnade gefallene Figur.

Aber auch das verrät allenfalls, dass Tolstois Roman zu Unrecht den Namen seiner Heldin trägt. Anna Karenina ist blass, inkonsistent und weniger Figur, als Gradmesser für die Entwicklungen um sie herum. Eigentlich handelt es sich bei Tolstois vermeintlichem »Frauenroman« um den Bildungsroman des glücklosen Landreformers und Gutsherren Lewin, der wie Bouvard und Pécuchet zuletzt bei der Kirche ankommt.

Natürlich können alle genannten Zweifel dem großen Buch wenig anhaben, und vielleicht liegen seine Stärken abseits hiervon, abseits auch der von der Rezeption gewürdigten Komplexe »Realismus«, »Psychologie« und selbst »Sprache«. Trotzdem schien mir, selbst die neue Übersetzung von Bruno Goetz fördere in Tolstoi einen bei aller Raffinesse auch oft ambitionslos wirkenden Stilisten ans Licht, der die Beschäftigungen, die die Roman-Arbeit begleiteten – seine Beteiligung am Gesetz zur Befreiung der Leibeigenen, die Gründung einer pädagogischen Zeitschrift, die Einrichtung einer Schule für Bauernkinder, wie auch die Annäherung an die praktische Religion –, bisweilen auf eher journalistische Weise verarbeitet. So blickte mich der Roman beim Wiederlesen manchmal aus klugen Augen an, aber es waren die Augen einer eher unvorteilhaft gealterten Schönheit.

Ricarda Junge

Rostrot und schwarze Buchstaben
Knut Hamsun, ›Hunger‹

Es gibt ein Buch, dessen Name mich lange begleitet hat, bevor ich es zum ersten Mal las. Dieser Name war so banal wie bedeutend, so einfach wie einprägsam. Er hätte auch »Trost« lauten können, »Liebe« oder »Tod«. Das Buch stand zwischen vielen anderen Büchern im Salon – wie meine Großeltern ihr selten genutztes Wohnzimmer nannten. Es hatte einen rostroten Leineneinband, in den in dunklen Buchstaben der Titel geprägt war. Wenn ich bei meinen Großeltern zu Besuch war, liebte ich es, nachts die Tür zum Salon aufzuschließen, eine der rosa beschirmten Leselampen anzuknipsen und mich auf das mit Seide bezogene, steife Sofa zu setzen. Ich las nicht. Nicht in diesen Nächten, nicht im Salon. Ich studierte die Buchrücken. Einen nach dem anderen. Und jedes Mal blieb mein Blick an dem rostroten Buch mit dem dunklen Titel hängen. Ich war vielleicht dreizehn oder vierzehn Jahre alt und stellte mir vor, dass es mein Buch wäre, ein Roman, den ich geschrieben hatte. So wie ich damals Musik hörte und mir ausmalte, mit diesem oder jenem Song auf der Bühne zu stehen. Aber meine musikalischen Auftritte waren kein Gedankenspiel, mit dem ich mich länger als eine halbe Stunde unterhalten konnte. Das Buch im Regal jedoch füllte ich nächtelang mit meinen Gedanken. Würde ich jemals ein Buch schreiben, dachte ich, müsste es wie dieser Roman von Knut Hamsun heißen: *Hunger*.

Einige Jahre später saß ich in der offenen Balkontür meiner Leipziger Wohnung und las *Hunger* in einer Nacht. Das Haus schlief, die Neonröhre über dem Herd flackerte, auf dem Rangierbahnhof wurden Züge verschoben. Als die Sonne über den Gleisen, den leeren Waggons, den grellgrünen Pappeln aufging, dachte ich an den kalten Kamin im Salon meiner Großeltern, an die staubigen Holzscheite und die steinerne Mönchsfigur. Ich war völlig durchgefroren und steif und nahm den Roman ein Jahr lang überallhin mit, um immer wieder darin zu lesen. Es war eine dünne, zerfledderte Ausgabe, die ich in einem Antiquariat entdeckt hatte – Knut Hamsuns Bücher waren zu dieser Zeit nur antiquarisch zu kaufen – nicht annährend so schön wie die meiner Großeltern.

Ich habe nie körperlich Hunger gelitten, und trotzdem weiß ich genau, wovon Hamsun in seinem Roman spricht. Von dem Schmerz, der Gier, dem Rausch, den Hunger auslöst, von einem überwältigenden Gefühl, das stumpf, grausam und gleichermaßen phantasievoll macht, das schwächt und alle Kräfte in einem bündelt.

Es gibt Bücher, von denen man nur den Namen kennt. Der Name prägt sich einem ein, begleitet einen, vielleicht, weil man sich vornimmt, das dazugehörige Buch irgendwann einmal zu lesen, vielleicht, weil der Name etwas in einem berührt. *Hunger* ist so ein Name, und *Hunger* ist ein Roman, der nicht enttäuscht, wenn man ihn mit hoher Erwartung und nach langer Zeit des Wartens liest.

Wie man in der Liebe glücklich wird

Frage: *Würde man Proust in Herzensangelegenheiten tatsächlich um Rat bitten?*
Antwort: Vielleicht – auch wenn auf den ersten Blick vieles dagegen spricht. In einem Brief an Gide legte er seine umfangreichen Referenzen dar:

> [Obwohl ich] unfähig bin, für mich selbst etwas zu erreichen, auch nur das kleinste Übel von mir abzuwenden, [habe ich] schon so manches Mal die Kraft in mir verspüren dürfen (und gewiß ist das meine einzige Gabe), den anderen Glück zu bringen, Kummer zu ersparen. Ich habe nicht allein Gegner, sondern sogar Liebende wieder miteinander versöhnt, ich habe Kranke geheilt, während ich mein eigenes Leiden nur immer schlimmer machen konnte, ich habe Faule zum Arbeiten gebracht und bin es dabei doch selbst geblieben ... Die Eigenschaften (und ich sage Ihnen das ganz schlicht, mit der Versicherung, daß ich im übrigen eine recht bescheidene Vorstellung von meinen Kräften habe), welche mir diese Möglichkeiten geben, anderen erfolgreich zu helfen, sind wohl, neben einer gewissen diplomatischen Begabung, die Fähigkeit, mich selbst zu vergessen, und die Neigung, nur an das Wohl meiner Freunde zu denken; Eigenschaften, die man selten in einem Menschen beisammen finden mag ... während ich mein Buch schrieb, hatte ich das Gefühl, daß, wenn Swann mich gekannt und sich meiner hätte bedienen können, ich durchaus imstande gewesen wäre, ihm Odettes Liebe zu verschaffen.

Frage: *Swann und Odette?*
Antwort: Man sollte die Mißgeschicke einzelner fiktiver Figuren nicht unbedingt mit einer allgemeinen Prognose ihres Erfin-

ders hinsichtlich menschlicher Zufriedenheit gleichsetzen. Da sie in einem Roman gefangen sind, wären sie schließlich die einzigen, denen es nicht vergönnt ist, aus seiner Lektüre therapeutischen Nutzen zu ziehen.

FRAGE: *Glaubte er an die Unvergänglichkeit der Liebe?*
ANTWORT: Nein, eigentlich nicht, aber schuld daran ist nicht die Liebe selbst, sondern vielmehr die generelle Schwierigkeit, eine erfüllte Beziehung zu einem ständig anwesenden Menschen oder Objekt aufrechtzuerhalten.

FRAGE: *Welche Schwierigkeit?*
ANTWORT: Nehmen wir zum Beispiel etwas nicht ganz so Emotionsbeladenes wie das Telefon. Bell erfand es im Jahre 1876. Um 1900 gab es in Frankreich etwa dreißigtausend Telefonanschlüsse. Proust war einer der ersten Kunden (Tel. 29205) und fand besonderen Gefallen an einer Einrichtung namens »Theater-Telefon«, die es ihm ermöglichte, die Aufführungen der Pariser Opernhäuser und Theater von seinem Bett aus zu verfolgen.

Er wußte sein Telefon durchaus zu schätzen, aber es entging ihm nicht, wie rasch die anderen es als Selbstverständlichkeit hinnahmen. Schon 1907 schrieb er, der Apparat sei

> ein übernatürliches Instrument, dessen Wunderwirkung man ehemals bestaunte und das man heute ganz gedankenlos gebraucht, um den Schneider zu beordern oder Eis zum Nachtisch zu bestellen.

Mehr noch, wenn die Leitung der Confiserie besetzt war und sie den Schneider nicht erreichten, lobten sie nicht etwa den technischen Fortschritt, der die Erfüllung ihrer anspruchsvollen Wünsche verhindert hatte, sondern reagierten undankbar wie ein verzogenes Balg:

> Und da wir Kinder sind, die mit den heiligen Kräften spielen, ohne vor ihrem Geheimnis zu erschauern, finden wir bloß, das Telefon sei »bequem«, oder eher, da wir verwöhnte Kinder sind, »unbequem«, [und] füllen den *Figaro* mit unseren Klagen …

Nur einunddreißig Jahre lagen zwischen Bells Erfindung und Prousts traurigen Bemerkungen über die mangelnde Wertschätzung des Telefons in Frankreich. Aus einem Wunderwerk der Technik, das achtungsvolle Blicke auf sich zog, war binnen wenig mehr als drei Jahrzehnten ein Gebrauchsgegenstand geworden, den wir bedenkenlos verfluchen würden, hätten wir seinetwegen eine geringfügige Unannehmlichkeit wie ein verspätetes *glace au chocolat* auf uns zu nehmen.

Dies wirft ein bezeichnendes Licht auf die Probleme – und mögen sie noch so alltäglich sein –, die sich uns in den Weg stellen bei dem Versuch, uns der ewigen oder doch zumindest lebenslangen Wertschätzung unserer Mitmenschen zu versichern.

FRAGE: *Wie lange darf sich ein normaler Mensch der vollen Wertschätzung seines Gegenübers erfreuen?*
ANTWORT: Oft nicht einmal eine Viertelstunde. Als Junge sehnt sich Prousts Erzähler nach der Freundschaft der wunderschönen, lebhaften Gilberte, die er beim Spielen auf den Champs-Élysées kennengelernt hat. Schließlich erfüllt sich sein Traum, Gilberte wird seine Freundin und lädt ihn regelmäßig zu sich nach Hause ein. Dort serviert sie ihm Tee und Kuchen, liest ihm jeden Wunsch von den Augen ab und behandelt ihn mit großer Zuneigung.

Er ist überglücklich, doch dieses Glücksgefühl läßt schnell und merklich nach. Die Vorstellung, von Gilberte zu Tee und Kuchen eingeladen zu werden, war wochenlang nichts weiter als ein ferner, trügerischer Traum, aber schon nach einer Viertelstunde in ihrem Salon ist es die Zeit, als er sie noch nicht kannte, als sie ihn noch nicht mit Zuneigung überschüttete, die ihm urplötzlich fern und trügerisch erscheint.

Daraus resultiert zwangsläufig eine gewisse Blindheit gegenüber ihren Gunstbezeugungen; er wird schon bald vergessen, *wofür* er dankbar zu sein hat, weil die Erinnerung an ein Leben ohne Gilberte verblassen wird, und damit auch sein Bewußtsein für die Annehmlichkeiten der Gegenwart. Gilbertes Lächeln, ihre Warmherzigkeit und das Aroma ihres Tees werden irgendwann zu einem derart festen Bestandteil seines Lebens, daß er sie ebensowenig bemerken wird wie so allgegenwärtige Dinge wie Bäume, Wolken und das Telefon.

Der Grund für dieses Versäumnis besteht darin, daß der Erzähler, wie wir alle, ein Gewohnheitstier ist und deshalb dazu neigt, das Vertraute geringschätzig zu betrachten.

> Wir nehmen nur das wirklich wahr, was neu ist, was unseren Empfindungen unvermittelt einen deutlich anderen Charakter gibt und von der Gewohnheit noch nicht durch einen matten Abklatsch ersetzt worden ist.

FRAGE: *Warum stumpft die Gewohnheit den Menschen ab?*
ANTWORT: Die Antwort auf diese Frage gibt uns eine eher beiläufige Bemerkung Prousts über Noah und die Arche.

> Als kleiner Junge hielt ich Noah für die bedauernswerteste aller biblischen Gestalten, weil ihn die Sintflut vierzig Tage lang in seiner Arche gefangenhielt. Später war ich häufig krank und mußte ebenfalls viele Tage in meiner »Arche« verbringen. Da begriff ich, daß Noah die Welt niemals besser hätte wahrnehmen können als von seiner Arche aus, auch wenn diese fensterlos war und Nacht auf Erden herrschte.

Wie konnte Noah die Welt wahrnehmen, während er mit einem schwimmenden Zoo in einer fensterlosen Arche saß? Obwohl wir für gewöhnlich davon ausgehen, daß die visuelle Wahrnehmung eines Gegenstands des Blickkontakts bedarf und wir, um einen Berg sehen zu können, in die Alpen fahren und die Augen öffnen müssen, ist dies vielleicht nur der erste und in gewissem Sinne unbedeutendere Schritt des Sehens, da wir einen Gegenstand eigentlich nur dann richtig zu würdigen imstande sind, wenn wir ihn vor unserem geistigen Auge wiedererstehen lassen.

Wenn wir, nachdem wir einen Berg betrachtet haben, die Lider schließen und seinen Anblick innerlich Revue passieren lassen, erfahren wir nach und nach seine wichtigsten Details, die Flut visueller Informationen wird gefiltert, die hervorstechendsten Merkmale des Berges werden identifiziert: die Granitgipfel, die Gletscherspalten, der Nebel über der Baumgrenze; Details, die wir zuvor zwar *gesehen,* aber nicht unbedingt *wahrgenommen* haben.

Obwohl Noah bereits sechshundert Jahre alt war, als Gott die Erde überflutete, und demnach ausreichend Zeit hatte, seine Umwelt zu betrachten, bot ihm der Umstand, daß sie ständig präsent war, daß sie sein Blickfeld quasi permanent beherrschte, wenig Anreiz, sie vor seinem geistigen Auge wiedererstehen zu lassen: Warum sollte er sich einen Busch einprägen, wo er doch immer und überall von Büschen umgeben war?

Ganz anders stellte sich die Situation nach zwei Wochen in der Arche dar. Voller Sehnsucht nach seiner alten Umgebung, die anzuschauen ihm nun verwehrt war, versuchte Noah zweifellos, Erinnerungen an Büsche, Bäume und Berge heraufzubeschwören, und nahm diese so zum ersten Mal in seinen sechshundert Lebensjahren richtig wahr.

Dies legt den Schluß nahe, daß die physische Präsenz eines Gegenstands der Wahrnehmung desselben im Wege steht. Seine Präsenz ist vielleicht sogar der eigentliche Grund dafür, daß wir ihn übersehen oder ignorieren, weil wir davon ausgehen, durch die bloße Aufnahme des Blickkontakts unser Soll bereits erfüllt zu haben.

Frage: *Demnach sollten wir uns also ab und zu in eine Arche sperren lassen?*
Antwort: Das würde jedenfalls dazu beitragen, daß wir unserer Umwelt, insbesondere aber unserem Partner, mehr Beachtung schenken. Deprivation schlägt rasch in Wertschätzung um, was jedoch nicht heißen soll, daß wir Mangel leiden *müssen*, um etwas angemessen würdigen zu können, sondern daß wir aus unserer natürlichen Reaktion auf einen Mangel eine Lehre ziehen und diese auch unter Normalbedingungen beherzigen sollen.

Daß die dauerhafte Beziehung zu einem Partner so häufig Langeweile und das Gefühl erzeugt, die betreffende Person zu gut zu kennen, liegt ironischerweise daran, daß wir sie nicht gut genug kennen. Denn während diese mangelnde Kenntnis den anfänglichen Reiz einer Beziehung ausmacht, verleiten uns die fortwährende physische Präsenz des Partners und das tägliche Einerlei des Zusammenlebens oftmals zu der irrigen Annahme, daß wir zu einer ebenso tiefgehenden wie reizlosen Vertrautheit gefunden haben; wobei es sich in der Regel um ein falsches Gefühl der Vertrautheit handelt, das durch die physische Präsenz noch verstärkt wird und mit dem auch Noah sechshundert Jahre lang die Welt betrachtete, ehe ihn die Sintflut eines Besseren belehrte.

Frage: *Hatte Proust zum Thema Rendezvous etwas zu sagen? Worüber spricht man beim ersten Rendezvous? Und ist es ratsam, Schwarz zu tragen?*
Antwort: Gute Ratschläge sind bei Proust spärlich gesät. Viel entscheidender war für ihn die Frage, ob man sich überhaupt zum Essen einladen lassen sollte:

> Bestimmt sind die Reize einer Person weniger häufig ein Anlaß zur Liebe als etwa ein Satz wie der folgende: »Nein, heute abend bin ich nicht frei.«

Diese Antwort ist deshalb so faszinierend, weil hier, wie im Falle Noahs, eine direkte Verbindung zwischen Deprivation und Wertschätzung hergestellt wird. Auch wenn ein Mensch noch so viele Eigenschaften besitzt, bedarf es eines gezielten Anreizes, um das Interesse eines Freiers zu wecken, eines Anreizes, der in der schroffen Ablehnung einer Essenseinladung, dem beziehungstechnischen Pendant zu vierzig Tagen auf See, seine Vollendung findet.

Proust illustriert die Vorzüge des Wartens am Beispiel der Wertschätzung von Kleidern. Sowohl Albertine als auch die Duchesse de Guermantes interessieren sich für Mode. Nur hat Albertine sehr wenig Geld, und der Duchesse gehört halb Frankreich. Deshalb platzen die Schränke der Duchesse aus allen Nähten; wenn sie etwas sieht, das ihr gefällt, läßt sie den Damenschneider kommen, und ihren Wünschen wird im Handumdrehen entsprochen. Albertine hingegen kann sich kaum etwas leisten und dreht jeden Pfennig zweimal um, ehe sie sich etwas kauft. Sie verbringt Stunden damit, Kleider zu betrachten oder von einem bestimmten Mantel, Hut oder Morgenrock zu träumen.

Die Folge ist, daß Albertine zwar weitaus weniger Kleider besitzt als die Duchesse, diese jedoch weitaus höher schätzt, achtet und *liebt*:

> Wie jedes Hindernis, das sich dem Besitz entgegenstellt … [schenkt] die Armut, großherziger als der Überfluß, den Frauen viel mehr … als nur die Kleider, die sie sich nicht kaufen können: nämlich das Verlangen danach, das erst eine wirkliche, ins einzelne gehende und in die Tiefe reichende Kenntnis davon verleiht.

Proust vergleicht Albertine mit einem Kunstbeflissenen, der die Bilder, auf deren Anblick in Dresden oder Wien er so begierig ist, bereits kennt, die Duchesse hingegen erinnert ihn an jene Besucher, denen ein Museumsbesuch, da ihm kein Verlangen vorausgegangen ist, nur ein Gefühl der Verwirrung, der Ermüdung und der Langeweile verschafft.

Daran sieht man deutlich, daß der physische Besitz nur einen Teil der Wertschätzung ausmacht. Das Glück der Reichen, nach Lust und Laune verreisen oder sich ein Kleid kaufen zu können, das sie in einem Katalog gesehen haben, ist zugleich ihr Fluch, weil ihr Reichtum es ihnen erlaubt, sich ihre Wünsche auf der Stelle zu erfüllen. Kaum steht ihnen der Sinn nach Dresden, sitzen sie auch schon im Zug, kaum sehen sie ein Kleid, hängt es auch schon in ihrem Schrank. Im Gegensatz zu ihren weniger privilegierten Zeitgenossen erhalten sie somit gar nicht erst Gelegenheit, die Durststrecke zwischen Wunsch und Befriedigung zu überwinden, die allen Widrigkeiten zum Trotz einen unschätzbaren Vorzug besitzt: Sie bietet uns die Chance, uns in Dresdner Gemälde, Hüte, Morgenröcke und einen Menschen zu verlieben, der heute abend nicht frei ist.

FRAGE: *War er gegen Sex vor der Ehe?*
ANTWORT: Nein, nur gegen Sex vor der Liebe. Und das nicht etwa aus Gründen der Moral, sondern weil er es für unklug hielt, mit jemandem zu schlafen, dessen Liebe man zu wecken sucht:

> Die etwas schwierigen Frauen, die man nicht sofort besitzt, von denen man zunächst nicht einmal weiß, ob man sie je besitzen wird, [sind] die einzig interessanten.

FRAGE: *Wirklich?*
ANTWORT: Natürlich können auch andere Frauen faszinierend sein, das Problem ist nur, daß sie – nach allem, was wir von der Duchesse de Guermantes über die Folgen des allzu leichten Erwerbs schöner Dinge gelernt haben – Gefahr laufen, nicht so zu *wirken.*

Nehmen wir zum Beispiel Prostituierte, Frauen, die sozusagen rund um die Uhr verfügbar sind. Als junger Mann war Proust ein zwanghafter Onanist, und zwar in einem solchen

Maße, daß sein Vater ihn bedrängte, ein Bordell aufzusuchen, um sich von diesem, im neunzehnten Jahrhundert als äußerst gefährlich geltenden Zeitvertreib abzulenken. In einem freimütigen Brief an seinen Großvater beschreibt der sechzehnjährige Marcel den Verlauf dieses Besuches:

> Ich brauchte so dringend eine Frau, um endlich die schlechte Gewohnheit des Masturbierens abzulegen, daß Papa mir 10 Francs fürs Bordell gab. Aber 1. habe ich vor lauter Aufregung den Nachttopf zerbrochen – 3 Francs –, 2. konnte ich dann wegen ebendieser Aufregung nicht ficken. Ich habe also nichts erreicht und hoffe stündlich auf weitere 10 Francs, die mir Erleichterung verschaffen, und 3 Francs für den Nachttopf.

Doch der Ausflug ins Bordell war nicht nur oberflächlich ein Desaster; er offenbarte darüber hinaus ein grundsätzliches Problem der Prostitution. Prousts Theorie des Begehrens zufolge befindet sich die Prostituierte in einem ausweglosen Dilemma: Einerseits möchte sie einen Mann verführen, andererseits halten kommerzielle Erwägungen sie davon ab, zu tun, was ohne weiteres seine Liebe wecken könnte, nämlich ihm zu sagen, daß sie heute abend nicht frei ist. Sie mag noch so intelligent und attraktiv sein, dennoch darf sie keinen Zweifel daran lassen, daß er sie körperlich besitzen wird. Da das Ergebnis von vornherein feststeht, ist echtes, dauerhaftes Begehren so gut wie ausgeschlossen.

> Wenn die Kokotten ... so wenig Anziehungskraft für uns besitzen, so nicht deswegen, weil sie weniger schön wären als die anderen, sondern weil sie von vornherein schon zu unserer Verfügung stehen, weil sie uns förmlich entgegentragen, was wir erst erreichen wollen.

Frage: *Dann war er also davon überzeugt, daß es Männern nur um Sex geht?*
Antwort: Da müssen wir genauer unterscheiden. Die Prostitu-

ierte offeriert einem Mann, was er zu begehren *glaubt*, sie bietet ihm eine Illusion des Begehrens, die verhindert, daß Liebe überhaupt erst entsteht. Um auf die Duchesse zurückzukommen: Sie bringt ihren Kleidern nicht etwa deshalb mangelnde Wertschätzung entgegen, weil sie weniger schön wären als andere, sondern weil der *physische Besitz* so einfach ist, was sie zu dem Trugschluß verleitet, daß sie alles hat, was sie begehrt, und sie daran hindert, die einzige Form von Besitz zu praktizieren, die in Prousts Augen Gültigkeit besitzt, nämlich den *imaginären Besitz* (das gedankliche Verweilen bei den Einzelheiten des Kleides, dem Faltenwurf des Stoffes, der Webart), eine Besitzform, die Albertine gezwungenermaßen praktiziert, weil sie auf den physischen Kontakt verzichten muß.

FRAGE: *Das heißt, er hielt nicht viel von Sex?*
ANTWORT: Er war lediglich der Meinung, den Menschen fehle ein entsprechender Körperteil, um den Geschlechtsakt richtig vollziehen zu können. In Prousts Augen ist es schlichtweg unmöglich, jemanden körperlich zu lieben. Wegen der Prüderie seiner Zeit beschränkte er seine Überlegungen auf die enttäuschende Erfahrung des Küssens.

> Der Mensch, ein offenbar weniger rudimentäres Geschöpf als der Seeigel oder sogar der Walfisch, [entbehrt] dennoch ein paar wesentliche Organe ... [so besitzt er] beispielsweise keines ... das zum Küssen dient. Dies fehlende Organ ersetzt er durch die Lippen und kommt dadurch vielleicht zu einem befriedigenderen Ergebnis, als wenn ihm zur Liebkosung der Angebeteten nichts anderes zur Verfügung stünde als ein knochiger Hauer. Die Lippen aber, die dafür gemacht sind, dem Gaumen den Geschmack verlockender Dinge zuzuführen, müssen sich, ohne den Irrtum zu begreifen und sich ihre Enttäuschung einzugestehen, damit begnügen, auf der Oberfläche umherzutappen und sich an der Verschlossenheit der undurchdringlichen, begehrten Wange zu stoßen.

Warum küssen wir? Zunächst einmal, um das angenehme Gefühl genießen zu können, das wir empfinden, wenn eine mit Nervenenden durchsetzte Hautpartie auf ein weiches, feuchtes, lockendes Pendant trifft. Doch die Hoffnungen, die wir an einen ersten Kuß knüpfen, gehen in der Regel weit darüber hinaus. Denn, wir suchen nicht nur einen Mund, sondern den ganzen geliebten Menschen festzuhalten und zu verschlingen. Mit dem Kuß hoffen wir, zu einer höheren Besitzform zu gelangen; die Sehnsucht, die der Geliebte in uns weckt, verspricht zu schwinden, wenn wir nur endlich unsere Lippen auf die seinen pressen dürfen.

Für Proust hingegen kann ein Kuß, obwohl er zweifellos ein angenehmes Kribbeln auszulösen vermag, uns niemals ein echtes Gefühl der Liebe und des Besitzens verschaffen.

So ist sein Erzähler ganz vernarrt in Albertine, der er an einem strahlenden Sommertag bei einem Strandspaziergang in der Normandie begegnet ist. Er ist vernarrt in ihre rosigen Wangen, ihr schwarzes Haar, ihren Schönheitsfleck, ihr keckes, selbstbewußtes Auftreten und die Dinge, an die sie ihn erinnert und die seine Sehnsucht wecken: der Sommer, der Duft des Meeres, Jugend. Nach seiner Rückkehr nach Paris besucht ihn Albertine in seiner Wohnung. Anders als am Strand, bei seinem ersten Versuch, sie zu küssen, gibt sie jede Zurückhaltung auf, legt sich neben ihn und schließt ihn in die Arme. Die langerwartete Erlösung scheint in greifbare Nähe gerückt. Insgeheim hatte er gehofft, der Kuß werde ihm Albertine, ihre Vergangenheit, den Strand, den Sommer und die Umstände ihrer Begegnung näherbringen, doch die Realität erweist sich als ein wenig prosaischer. Als sie ihren Mund auf seine Lippen preßt, hat er das Gefühl, von einem knochigen Hauer liebkost zu werden. Wegen ihrer ungeschickten Körperhaltung kann er sie nicht sehen, und seine Nase ist so platt gedrückt, daß er kaum noch Luft bekommt.

Kurz, ein ausgesprochen unbeholfener Kuß, doch indem er seinen enttäuschenden Verlauf in allen Einzelheiten schildert, verweist Proust auf ein generelles Problem bei dieser rein körperlichen Form der Wertschätzung. Der Erzähler erkennt, daß er, ganz gleich, was er mit Albertine auch anstellt – ob er sie auf seinen Schoß zieht, ihr Gesicht mit beiden Händen umfaßt oder sie zärtlich streichelt –, doch immer nur an die verschlossene Hülle eines letztlich ungreifbaren geliebten Menschen rührt.

Das wäre eigentlich nicht weiter schlimm, würden wir nicht fälschlicherweise davon ausgehen, daß der bloße Körperkontakt uns dem Objekt unserer Liebe wirklich nahebringt. Denn so laufen wir Gefahr, unsere Enttäuschung über einen Kuß dem Desinteresse des Geküßten zuzuschreiben und nicht den natürlichen Grenzen des Küssens.

FRAGE: Was *ist das Geheimnis einer dauerhaften Beziehung?*
ANTWORT: Untreue. Und zwar nicht als körperlicher Akt, sondern als ständige Bedrohung. Für Proust ist eine gesunde Dosis Eifersucht das einzige, was eine durch Gewohnheit abgewirtschaftete Beziehung noch zu retten vermag. Ein goldener Ratschlag für alle, die den fatalen Schritt unternommen haben, eine gemeinsame Wohnung zu beziehen:

> Sobald man ganz und gar mit einer Frau lebt, sieht man nichts mehr von dem, um dessentwillen man sie geliebt hat; [obwohl] zum Beispiel die Eifersucht diese beiden getrennten Elemente [sicherlich] wieder vereinigen [kann].

Trotzdem sind die Figuren in Prousts Roman unfähig, aus ihrer Eifersucht Kapital zu schlagen. Zwar mag die Angst, ihren Partner zu verlieren, ihnen zu der Erkenntnis verhelfen, daß sie dem Betreffenden die nötige Wertschätzung verweigert haben, doch da sie nur die körperliche Form der Zuwendung kennen, beschränken sie sich darauf, die sexuelle Treue zu sichern, was ihnen nur kurzfristig Erleichterung verschafft, bevor sich von neuem Langeweile einstellt. Auf diese Weise geraten sie in einen aufreibenden Teufelskreis; sie begehren jemanden, küssen ihn mit einem knochigen Hauer und langweilen sich dann. Wenn jemand ihre Beziehung bedroht, werden sie eifersüchtig, sind einen Moment hellwach, lassen den knochigen Hauer ein zweites Mal ausfahren und langweilen sich dann aufs neue.

Vom männlich-heterosexuellen Standpunkt aus betrachtet, stellt sich die Situation folgendermaßen dar:

> Wenn wir [sie] zu verlieren fürchten, vergessen wir alle anderen. Doch wenn wir sicher sind, daß wir [sie] behalten werden, vergleichen wir [sie] mit jenen, an denen wir auf der Stelle größere Reize entdecken.

Frage: *Was hätte Proust diesem unglücklichen Paar mit auf den Weg gegeben, wenn er Gelegenheit gehabt hätte, die beiden persönlich kennenzulernen und ihnen zu helfen, wie er sich gegenüber André Gide gebrüstet hatte?*
Antwort: Er hätte ihnen vermutlich geraten, über Noah nachzudenken und die Welt, die er, in seiner Arche eingesperrt, urplötzlich wahrzunehmen vermochte, sowie über die Duchesse de Guermantes und ihre Schränke voller Kleider, die sie sich nie richtig angesehen hat.

Frage: *Und was hätte er Swann und Odette gesagt?*
Antwort: Gute Frage – aber das Diktum einer gewissen Mme Leroi, der wahrscheinlich klügsten Figur in Prousts Roman, läßt sich wohl nicht rundweg ignorieren. Auf die Frage, was sie von der Liebe halte, antwortete sie kurz und knapp:

> »Die Liebe ... Ich praktiziere sie oft, rede aber nie darüber.«

Birgit Vanderbeke

Gertrude Stein oder Die unerhörte Freiheit, einfach zu sagen, was man weiß

Gertrude Stein war 59 Jahre, als sie 1933 ihren ersten literarischen Erfolg hatte. Sie hatte lange darauf gewartet und ihn sich sehr gewünscht, und sie war längst eine berühmte Frau, eine wichtige »Figur« der Pariser Intellektuellenszene; kuriose Schrulle den einen, unschätzbar inspirierend für die anderen, verhöhnt und verehrt, eine Frau, die mit der größten Selbstverständlichkeit – oder scheinbar mit der größten Selbstverständlichkeit – Regeln nicht nur der Sprache brach und umstandslos aufhob, wenn sie ihrer freundlichen, aber hartnäckig fragenden Überprüfung nicht standhielten. Nur gelesen wurde sie nicht. Als sie die *Autobiographie von Alice B. Toklas* geschrieben hatte, änderte sich das. Oder scheinbar änderte es sich.

Im Jahr darauf fuhr Gertrude Stein nach etwa dreißigjähriger Abwesenheit zum ersten Mal wieder nach Amerika. Sie war zu einer Vorlesungsreise kreuz und quer durch die Staaten eingeladen.

Früher hatte ich gesagt ich würde nicht nach Amerika gehen ehe ich nicht eine wirkliche Löwin und Berühmtheit war zu jener Zeit habe ich nicht wirklich geglaubt daß ich je eine werde. Aber jetzt waren wir im Kommen und ich war dabei eine zu sein.

Gertrude Stein war nicht nur Amerikanerin, sie war Amerikanerin in Frankreich und sogar amerikanische Schriftstellerin in Frankreich, das heißt, ihr Land und die Sprache, die dort gesprochen und geschrieben wurde, spielten für ihr Schreiben, da sie im Ausland war, eine größere Rolle, als wenn sie nicht im Ausland gewesen wäre. Sie hatte im ersten Jahrzehnt des 20. Jahrhunderts ein Tausendseitenbuch, *The Making of Americans* geschrieben, und es gibt wohl kaum einen Text von Gertrude Stein, in dem nicht von Amerika und seinen Besonderheiten die Rede ist: der kurzen Geschichte, der riesigen Fläche, dem feuchten Essen, dem Bürgerkrieg, dem unermeßlichen Himmel und der »importierten« Sprache, die eigentlich für den kleinen Inselstaat England gemacht war und nicht für dieses riesengroße Amerika. Gertrude Steins Amerika-Reise war also nicht irgendeine, sondern eine ganz einmalige, triumphale, aufregende Reise. Und Gertrude Stein war aufgeregt.

... ich hatte mich nie um meinen Hals gekümmert aber jetzt da ich Vorlesungen halten sollte war ich plötzlich sicher meine Stimme würde mich im Stich lassen ... und als ich meine erste Vorlesung halten sollte hatte ich eine Erkältung und mein Hals machte mir Sorgen.

Sorgen machte ihr nicht nur der Hals, sondern auch die Frage, ob sie bei ihren Vorlesungen überhaupt Publikum haben würde und ob ihre Zuhörer ihr zuhören würden. Sie hatte ihre Vorträge – »Was ist englische Literatur?« – vorher an Freunden ausprobiert und fand sie gut,

aber sie sind für eine ziemlich intelligente Zuhörerschaft und obwohl sie klar sind sehr klar sind sie nicht eben leicht.

Bei ihrer Ankunft in New York wimmelte es nur so von Reportern, sie war erleichtert. Lampenfieber und Nervosität verschwanden sofort.

Es wimmelte von ihnen und war doch keine Plage, es waren Freunde und es gab Blumen und man fotografierte und man setzte sich nieder mit uns und dann kamen zwei von den Reportern herein um noch etwas mehr zu reden. Das war angenehm es ist immer angenehm noch etwas mehr zu reden. Jo Alsop war einer von ihnen. Ich erzählte ihm alles und er sagte ich spräche so klar warum ich denn nicht klar schriebe. Ich schreibe aber klar. Das ist keine Antwort das ist eine Tatsache.

Die Frage, ob Gertrude Stein klar schreibt oder nicht, ist auf den ersten Blick albern; das sollte sich doch wohl herausfinden lassen, oder? Es ist aber, wenn man darüber nachdenkt, eine wesentliche Frage, nicht nur weil die Meinungen darüber leidenschaftlich auseinandergingen und also aneinandergerieten, sondern auch weil der Mythos der Avantgardistin Gertrude Stein, an dem sie mitgewoben hat, lebenslang und erst recht nach ihrem Tod die Neigung hatte, sich vor ihre Texte zu schieben und im allgemeinen das Lesen dieser Texte zu verhindern.

Ich werde den Schirm in den Matsch werfen, sagte sie und niemand hörte sie. Ich werde den Schirm in den Matsch werfen, und es war verzweifelter Ärger in ihr; ›Ich habe den Schirm in den Matsch geworfen‹, und niemand hörte, wie es aus ihr herausbrach.

»Sie« ist das Kind Martha Hersland in *The Making of Americans*. Was Martha passiert, ist etwas vollkommen Normales. Jedes Kind erlebt mehr oder weniger immerzu, daß es einen Satz fünfmal sagen kann, und es wird doch nicht gehört. Insbesondere weibliche Kinder, Marthas, sind daran gewöhnt. Das ist im übrigen auch niemandem vorzuwerfen, es liegt normalerweise nicht an einer besonderen Böswilligkeit oder Gemeinheit der Mutter, des Vaters oder sonstiger Erwachsener, die eben gerade nicht zuhören, sondern es liegt an dem einfachen Umstand, daß die Erwachsenen erwachsen sind und somit beschäftigt auf erwachsene Art, die sie am Zuhören hindert. Sie haben einen Alltag, sie haben Geschäfte, sie stecken in allen möglichen praktischen Aktivitäten und Sorgen, aus denen erwachsenes Leben besteht, sie haben anderes im Kopf, als zuzuhören, wie Klein-Martha in verzweifelte Wut darüber gerät, daß niemand ihr zuhört, obwohl sie jetzt schon ein paarmal wiederholt hat, daß sie den Schirm in den Matsch werfen wird. Es ist einfach so. Jedes Kind kennt das. Es ist normal.

Sie sagt immer, daß sie das Abnorme nicht leiden könne, es sei so durchsichtig. Das Normale, sagt sie, sei auf so viel simplere Art kompliziert und deshalb interessant.

Richard Powers

In den Docks

Zum ersten Mal habe ich Thomas Mann im Winter 1980 gelesen, in einem Lagerhaus aus der Kolonialzeit in den Bostoner Docks; ich war damals 23 und arbeitete das ganze Jahr allein in einem hermetisch abgeschlossenen Computerraum. Kurz zuvor hatte ich die Universität mit so etwas wie Abscheu verlassen; ich hatte bei meinem Physik- und Literaturstudium mit Entsetzen gesehen, dass man nur Aussicht auf eine akademische Laufbahn hatte, wenn man sich extrem spezialisierte: Ich hätte immer mehr von immer weniger lernen müssen, und am Ende hätte ich absolut alles über nichts gewusst. Enttäuscht hatte ich den Großteil meiner Sachen verkauft und war auf Einladung einer Frau, die ich kaum kannte, in den Bus Richtung Ostküste gestiegen, um dort eine Anstellung als Betreuer für die Rechner einer Datenverarbeitungsfirma zu finden – so weit entfernt vom Dasein eines Intellektuellen wie nur möglich.

Ich arbeitete Nachtschicht, kam um fünf am Nachmittag und blieb bis zwei oder drei Uhr morgens; ich hatte den ganzen riesigen Bau für mich – nur am anderen Ende arbeitete noch ein weiterer Mensch, der mir aber so gut wie nie über den Weg lief. Stattdessen war ich umgeben von turmhohen summenden Maschinen, die Zahlenkolonnen verarbeiteten und Berechnungen anstellten für gigantische, geheimnisvolle Rüstungsbetriebe und nicht minder sinistre und gar noch dubiosere Finanzdienstleister, deren Operationen so weit verzweigt und so verwickelt waren, dass kein Sterblicher sie mehr überblicken konnte. Ich wachte über meine Maschinen, wie in anderen Jahrhunderten ein Schäfer seine Herde gehütet hätte. Ich verbrachte die Nacht damit, dass ich Lochkarten in einen Schacht steckte, Magnetplatten wechselte, die wie große Torten aussahen, und Stapel von Endlospapier aus dem Drucker nahm, Daten, deren Richtigkeit ich irgendwie verifizieren sollte, ohne dass ich ihren geheimen Inhalt kennen durfte.

Die surreale, menschenleere Welt der Nachtschicht ist wie die Traumarbeit der Gesellschaft. Erst jetzt, mit so viel Raum um mich, sah ich die Umrisse einer Gegenwart, mit der ich mich nie beschäftigt hatte. Jeden Nachmittag nahm ich die U-Bahn in die Bostoner City, und nach Feierabend, wenn die Bahnen längst nicht mehr fuhren, ging ich zu Fuß vom Hafen durch die fast ausgestorbene Stadt zurück.

Wenn meine Maschinen sich schlecht benahmen, waren die Nächte lang und nervenaufreibend, voller Krisen und improvisierter Lösungen. Wenn sie brav waren, waren die Nächte umso länger, endlose Stunden des Nichtstuns. Ich durfte nicht lesen, denn wenn ich die Maschinen zu lange sich selbst überließ, war die Katastrophe vorprogrammiert. Aber die Chefs, die mir das Lesen verboten, lagen längst in ihren Betten, sie wussten nicht, was ich gerade tat, und hatten auch überhaupt keine Vorstellung, wie es in der Nachtschicht zuging, bei der nächtlichen Verarbeitung der echten, hässlichen Daten, durch die das schöne Leben bei Tage erst möglich wird. Meine Arbeitgeber konnten nicht kontrollieren, ob ich las oder nicht, und nach ein paar Monaten Quarantäne im Maschinenraum verging allmählich die Furcht, sie könnten mich mit einem Buch erwischen.

Ich brach das Moratorium mit dem *Zauberberg.* Ein etwas älterer Freund aus Collegezeiten, ein Komponist, den ich sehr bewunderte, hatte gesagt, das Buch sei besser und wichtiger als alles, was Nordamerika im zwanzigsten Jahrhundert hervorgebracht habe. Ich las in den Pausen zwischen den Computerpannen, heimlich, verstohlen, als könne jeden Moment jemand hereinkommen. Aber nach den ersten Tagen und Seiten schwanden die Ängste, und der Einzige, um den ich nun noch fürchtete, war Hans Castorp, dessen Schicksal sich seltsam und unentwirrbar mit meinem verwoben hatte, jeder von uns in seinem selbst gewählten Exil. Beide hatten wir uns in die Abgeschiedenheit eines Refugiums zurückgezogen und kommunizierten nur mit den beunruhigenden technisch-prothetischen Geschöpfen der menschlichen Phantasie: Bei ihm waren es der exotische Phonograph und der pornographische Röntgenapparat, bei mir die summenden Rechner und sirrenden Drucker. Settembrini trat auf und erinnerte mich ein wenig an meinen Freund, den Komponisten. Dann Naphta wie ein ins Dämonische gesteigertes Bild jenes Collegedozenten, der mich mit seinen Einsichten in die dunklen Seiten unseres Lebens für alle Zeit für die Wissenschaft verdorben hatte. Und schließlich Clawdia, die sittsame Verkörperung der intellektuellen Sehnsucht, ein wenig die Frau, die mich nach Boston gelockt und dort verlassen hatte, hauptsächlich aber pure Phantasie. Etwas an der mächtigen Prosa und dem rastlosen, weit ausgreifenden Intellekt – so überzeugt davon, dass es keinen Unterschied zwischen Zeigen und Sagen, zwischen Spüren und Fühlen, Schein und Sein gibt – machte mir zum ersten Mal wirklich bewusst, dass Sprache die Essenz, das Wesen aller Kultur ist. Nie hatte ich ein solches Buch gelesen. »Da fühlt ich«, um es mit Keats zu sagen, »wie ein Himmelssucher mich / Wenn ihm ein neuer Stern ins Fernglas schwebt«. Gefangen auf diesem einsamen Berg, versunken im blendenden Schnee, hin und her geworfen von einer Syntax, einem Rhythmus, die mit jeder neuen Krise nur umso stärker wurden, bekam ich eine gänzlich neue Vorstellung davon, um wie viel seltsamer die von Menschen geschaffene Welt war als alles, was ein Mensch begreifen konnte.

Ich las allein, meist nach Mitternacht, eingesponnen in einen künstlichen Kokon, der nur dazu da war, all die Errungenschaften der bürgerlichen Gesellschaft, die dieses unendlich überraschende Buch immer wieder abwechselnd pries und verdammte, auszublenden oder vielleicht auch zu transzendieren. Ich las entspannt, stundenlang, vergaß die Welt um mich her, alles außer jener Vorkriegszeit, dem Gedankenexperiment, auf das ich mich mit diesem Buch einließ. Als ich mit dem *Zauberberg* zu Ende war, folgten sogleich die *Buddenbrooks.* Meine Lektüre war ganz und gar kein nostalgischer Blick auf ein längst verblichenes Deutschland, dessen Genealogie zu Ende gegangen war mit einem hässlichen Schlussstrich, im Gegenteil, für mich war die Geschichte ein Sprung in die Zukunft, denn fünfzehn Jahre später sollte ich in den Straßen von Lübeck stehen, neben mir eine Frau aus dem äußersten Norden Deutschlands, eine ewig Suchende und Forschende, und mir ausmalen, dass ich ihr nachfolgen und sie heiraten würde, allein um des gemeinsam Gelesenen willen; doch über Worte kam unsere Beziehung nie hinaus.

In Boston, im Winter 1980, folgten weitere Werke, mit Muße gelesen, denn in diesen langen und einsamen Nächten hatte ich endlos viel Raum und Zeit. Ich las den *Erwählten* und andere kürzere Werke, darunter natürlich *Tod in Venedig.* Zu meinem 24. Geburtstag kaufte ich mir *Doktor Faustus.* Es war ein Buch, das mir den Atem nahm. Für mich schreibt dieser Roman alles neu, was es an Regeln und Richtlinien für Worte in dieser Welt gibt – eine Kunst, so kalt und doch so brennend, so steril und so krank wie die Zeit, in der ich lebte, der einzige Roman, den ich je gelesen hatte, der mächtig genug war, sich gegen die Allherrschaft von Technik und Wissenschaft zu stellen, die mich in Gestalt der summenden Maschinen umgab, die ganze materialistische Moderne, für die ich, ohne dass ich mir dessen wirklich bewusst war, arbeitete. Ich hörte in meinem Inneren Leverkühns Musik als Kontrapunkt zu den martialischen Gesängen meines eigenen Landes, das sich so gern als Neue Welt versteht. Als ich den *Doktor Faustus* las, sah ich vieles voraus, was Amerika und mir später widerfahren sollte. Was ich allerdings nicht ahnte, war, dass ich mein ganzes weiteres Leben, in meinen Werken, in meinem Fühlen und meinem Denken, im Zwiegespräch mit diesem Buch verbringen würde.

Manns Medium ist der fiebernde Verstand, glühend von seiner Krankheit, immer im Kampf gegen genau die Ordnung, die er so verzweifelt zu finden sucht. Jeder Satz hält exakt die Balance zwischen Mathematik und Sinnlichkeit, zwischen der Erotik des Wissens und der kühlen Strenge der Lust, stets auf dem Weg vom einen zum anderen, nie bereit, das eine dem anderen zu opfern. Die eine Hälfte eines Satzes besteht darauf, dass jede Idee, jede emotionale Investition immer auch politisch ist, die andere entflieht den Sphären des Weltlichen hin zu dem utopischen Frieden, den das Ebenmaß und die Unparteilichkeit der Kunst verspricht. Er sehnt sich, er verweigert sich, er vergöttert und verdammt im selben Atemzug. »Eine große Wahrheit«, sagt er, mit Bezug auf Freud, »ist eine Wahrheit, deren Gegenteil ebenfalls eine große Wahrheit ist.« Nicht ein einziges seiner Adjektive, das nicht vom Widerspruch erfüllt wäre. Und trotzdem oder gerade deswegen: *Der Mensch ist Herr der Widersprüche, sie existieren durch ihn, und folglich ist er eine höhere Form der Existenz als sie.*

Am Ende meines Thomas-Mann-Jahres stellten die Arbeitgeber mir ein Zeugnis aus. Sie lobten mich für mein Arbeitsethos, fanden mein Engagement, die Bereitschaft, nächtelang allein bei der Arbeit zu sitzen, bewundernswert und gaben mir zu verstehen, dass ich, wenn ich meine Aufmerksamkeit nur noch ein klein wenig steigern könne, durchaus Aussicht auf Beförderung hätte. Vier Monate später war ich fort, hatte den Job aufgegeben, Boston aufgegeben, die Zuflucht, das Versteck in der Quarantäne. Jetzt wusste ich, dass ich etwas anderes mit meinem Leben anfangen wollte: dass ich es ganz dem Fieber der Widersprüche widmen würde, das ich nicht einmal gekannt hatte, bevor Thomas Mann mich damit ansteckte.

Michael Lentz

Robert Walser. Wer sonst?

»Ich lobte meinerseits seinen grünen Schreibtisch.« Oder war es ein roter? War es vielleicht gar kein Schreibtisch, sondern ein Sessel? Der Lobende jedenfalls heißt Robert Walser, der Belobigte Frank Wedekind. Zumindest schreibt das Robert Walser, dessen Literatur kurz zuvor von Wedekind wohl über Gebühr gelobt worden ist. Der Leser erfährt, dass Walser durch den Englischen Garten in München spaziert ist. Und von einer Münchner Abendgesellschaft ist die Rede, deren pomadige Gespreiztheit in Literaturangelegenheiten dem Schweizer allerdings so gar nicht gefallen zu haben scheint. Wollte Walser mit seinem Schreibtischlob andeuten, Wedekind sei ein Grüner Heinrich, dem es lange Zeit nicht gelingt, sich richtig mit Menschen zu beschäftigen, kann er doch nicht mal eine Gipsfigur nachzeichnen? Kann doch nicht sein! Die Geschichte ist wohl schräg in Erinnerung. Einen Begriff aber vom Menschen haben, darauf kommt es an. Und welchen Begriff hat der Dichter Walser? Einen souverän unsicheren, einen standfest wankenden, einen, der tieftraurig lachen macht.

Und wo fand sich diese falsch beschworene Szene? In einem Buch, das in einem Bücherregal stand. Und das Bücherregal? Stand in einer Buchhandlung. In Düren. Vor 25 Jahren. Der Buchhändler war das Gegenteil des Buchhändlers, der sich in dem benachbarten Buch fand. Mein Buchhändler hatte »das weitestverbreitete Buch des Jahres« erst gar nicht im Bücherregal stehen. Er selbst war eigentlich der Spaziergänger, der in Walsers Geschichte *Der Spaziergang* das »erfolgreichste Buch« dann lieber doch nicht möchte. Vom Spaziergang und der Poesie allein lebt bekanntlich kein Geschäft, und so musste es endlich schließen.

Es gibt Anfangssätze, die zur sofortigen Weiterlektüre zwingen: »Mein Vater war Kaufmann« (Adalbert Stifter, *Der Nachsommer*). Das geht direkt zur Sache. Bei folgendem Erstsatz war ich fassungslos: »Ich bin ohne elektrisches Licht aufgewachsen« (Herbert Achternbusch, *Die Stunde des Todes*). Der kürzeste und knackigste Anfang ist aber folgender: »Edith liebt ihn« (Robert Walser, *Der Räuber*). Zwar wird der Leser im nachfolgenden Satz bereits vertröstet: »Hievon nachher mehr«, aber er wird sich gedulden müssen, erst mal wird vieles ins Rollen kommen. So viel, dass es nicht lange dauert, und dem Herrn Erzähler fallen »eine Menge Damenhüte« ein. Und als sich dann der Räuber wie »eine Art Fabrice del Dongo« vorkommt, reicht es dem Erzähler. Eine erste Besinnung tut Not, ein kurzes Innehalten: »Ist das nicht Blödsinn? Warten Sie bitte mal. Lassen Sie mich nachdenken.« Ja, bitteschön, dann denke nach, werter Erzähler, aber hättest du das nicht vorher tun sollen, was hat das denn im Buch zu suchen? Der Erzähler hat jetzt zu Ende nachgedacht und befindet: »So, es geht, es geht.« Tatsächlich? Und dann? »Auch auf das Buch, das da abgegeben wurde, würden wir eventuell nachträglich noch zu sprechen kommen können.« Welches Buch? Und wieso »auch«? Warten wir es ab. Lesen wir weiter. *Der Räuber* ist ein unaufhörliches Reden, und ein unaufhörliches Reden über das Reden, ohne allerdings Gerede zu sein, Gerede ist genau das Gegenteil der Walserschen Literatur, die das Gerede so pointiert wie gezielt zu entlarven und subtil bloßzustellen weiß. Und was macht der Räuber derweil? *Der Räuber* greift einen Gedanken auf, spinnt ihn weiter, wendet ihn um, zerfranst das Gesponnene, spinnt die Fransen fort, lässt die gesponnenen Fransen sich gegenseitig durchdringen, lässt sie nach oben und hinten, nach vorne und unten schießen, wirft den Faden aus, der doch vielleicht der Hauptfaden sein könnte, und seitenlang ist dieser Faden nicht mehr gesehen, schon will man alle Hoffnung fahren lassen, da taucht er unvermutet wieder auf in der Gestalt eines Vorhangs, dahinter steht – der Räuber. Und welcher Rat gibt ihm der dicht neben ihm stehende Erzähler? »Bleibe kalt und womöglich künstlerisch.« Der Räuber belauscht gerade ein Gespräch zwischen Wanda und Edith. Auch er ist verliebt. Er ist womöglich der Erzähler oder der Erzähler ist er, jedenfalls kennen sich beide gut, und ich habe jetzt den Faden verloren. Es ist aber sehr beruhigend zu erfahren, dass der Herr Erzähler ihn stets gegen alle Unken- und Klinikherbeirufungen nie aus der Hand gegeben hat, wirklich nicht und auch nicht wörtlich. Was zu unterscheiden nicht in der Macht eines guten Gewissens liegt, so dass wir guten Gewissens mit dem Räuber sagen wollen: »Aber wir wollen uns doch nicht allzu tief in all diese Details stürzen. Wir kämen sonst gar nicht mehr draus heraus.« Danke. Sagen wir also, dass seine Texte eine gütige, eine zart zu nennende Renitenz gegen die erdrückende Beweislage ausüben, auf der Welt sei es schlecht bestellt, sie beharren auf eine – wenn auch nie ganz einzusehende – Zufriedenheit und lassen sich dabei auch gar nicht reinreden, sie sind völlig unbeirrt. Oft wirken sie so, als befänden sie sich noch im Erprobungszustand, wobei sie immer ankündigen, gleich und endlich auf den Punkt zu kommen. Und das kommen sie zum Glück nicht. Trotzdem erzählt hier einer munter weiter, ohne Rücksicht auf vermeintliche Wichtigkeiten, die doch jetzt bitte mal endlich erzählt werden müssten und zwar auf der Stelle. Aber nein, erst einmal wird der Spaziergang fortgesetzt, denn da gibt es unterwegs noch eine Menge zu erzählen, was genau so wichtig ist, und der Leser gerät in eine Art Trance, er driftet ab, und dieses Abdriften ist so wohltuend, dass lesend keine Wünsche offen bleiben, nur der Text sollte nicht enden, und dann endet der Text, sofort setzt eine Traurigkeit darüber ein, die über den Text hinausgeht, die etwas mit Sterben zu tun hat. Und? »[...] und Sie werden ja verstehen, wie schwierig es ist, sich hinsichtlich von schier Unerklärlichem zu erklären«, entschuldigt sich der Räuber. Aber entschuldigt er sich? Demonstriert er nicht geradezu seine unangreifbare Souveränität? Und liefert er nicht obendrein einen Generalschlüssel für die Liebe des Lesers zu Walser – das zumindest wünscht sich der Leser, dass es tatsächlich ein Selbstbildnis, eine autobiografische Standortbestimmung des Autors sei, was der Räuber nur wenige Sätze später dem Arzt bekundet: »[…] vielleicht besteht meine Krankheit, wenn ich meinen Zustand so nennen kann, in einem zu vielen Liebhaben. Ich habe einen ganz entsetzlich großen Fonds an Liebeskraft in mir, und jedesmal, wenn ich auf die Straße trete, fange ich an, irgend etwas, irgend jemand lieb zu gewinnen.« Gleich darauf schränkt er dieses Bekenntnis wieder ein. Hat man ihn gerade noch naiv gelesen, entpuppt er sich geschickt inszeniert als Maskenspieler, als Für und Wider, als Viele in Einem, und was den Erzähler anbelangt, dieser unsichere Kantonist, dieser unzuverlässige Marionettenspieler, kann der dann mit Fug und Recht behaupten: »Und so behalte ich denn jedenfalls über diese Räubergeschichte hier die Direktion. Ich glaube an mich.« Na immerhin, antwortet der Leser, der aber sofort diesen Selbstglauben als eine weitere Ankündigung nimmt.

Gemessen an der gebirgshohen Kunst dieses Robert Walser ist das soeben Gehörte alles nichts als Niedlichkeitenauseinanderbreiterei. Ein »Niedlichkeitenauseinanderbreiter« ist dieser Dichter wahrlich nicht, als welchen er in der Skizze *Vortragsabend* einen Kollegen tituliert. Schon gut, schon gut. Ich sehe die Baronin das Zimmer 27 betreten, das »räuberliche Krankenzimmer«, in dem nun aber, hineingesteigert, nicht der Räuber liegt, sondern der Leser, und also muss sich der Leser anhören, was die Baronin sagt: »Das, was wir sprechen wollen, kann uns sehr leicht entfliegen, indem uns etwas ganz anderes in den Sinn kommt, aber wir müssen unser Gedächtnis immer wieder im Dienst der Unzweideutigkeit und Wahrheitsliebe anstrengen.« Einverstanden. Sagen wir darum klipp und klar, Robert Walser gebührt die Prosakrone. Und die setzen wir ihm jetzt auf, und dann lesen wir seine Texte noch einmal ganz von vorne, entschuldigen Sie also bitte vielleicht meine vielen Worte, »und damit basta!«

Dieter Forte

Alfred Döblin, ›Berlin Alexanderplatz‹

Döblins *Berlin Alexanderplatz* ist einer der wenigen Romane, die man immer wieder lesen kann, ja muß, weil die Vielfalt der Erzählungen und Stilelemente, die überraschenden Wendungen und ins Irrationale treibenden Szenen und Bilder einer in tausend Facetten gefaßten Welt nie auszulesen sind, immer wieder aufs neue mit ihren Einzelheiten überraschen.

Kein anderer hat diese Stadtwelt mit so leichter Hand vorgeführt wie Döblin, so spielerisch und ironisch, lachend und trauernd, die Meisterleistung eines Sprachkünstlers, der das Innerste des Menschen und die Äußerlichkeiten der ihn umgebenden Welt oft in einem Satz umfaßt.

Welch eine Flut von Details, welch ein Zug in der Erzählung, das nimmt man immer erneut zur Hand, und wenn es auch nur um ein Kapitel geht, um ein Gespräch auf der Straße, eine Situation »und da trabte er ab, nee, so nich, mit mir nich«.

Ich kenne keinen anderen Roman, der so sehr direkte Sprache ist, in dem Sprache so expressiv verwendet wird. Hier redet alles, die Großstadt, die Häuser, die Läden, die Büros, die Reklametafeln, die Zeitungen, die Anzeigen, die Litfaßsäulen, die Polizeiprotokolle, sogar die Statistik redet hier. All das wird nicht geschildert, beschrieben, erklärt, all das äußert sich in Dialogen und Monologen, eine Zeitungsschlagzeile wird zu einer abenteuerlichen Szene, ein Straßenbahnfahrschein zu einem exotischen Reisebericht.

Döblin schreibt in einer Sprache, die von außen bestimmt ist, aus der Situation kommt, die Welt nah heranholt, sie aber auch in ironischer Distanz hält, dann wieder in den Hintergrund verbannt, um neue Figuren zu begrüßen, ihre Monologe anzuhören, über ihr Schicksal zu räsonieren. Denn der Erzähler Döblin beugt sich mit besorgter Miene über das ganze Geschehen, betrachtet die wild durcheinander rennenden Figuren mit Skepsis, er traut ihren Sprüchen nicht, er weiß, all die großen Sätze sind einfach aus der Luft genommen, die Realität ist anders, aber die Menschen wollen nun einmal hartnäckig das, was sie wollen, laufen jedem Gedanken, jeder Schlagzeile, jeder Parole nach, und so werden nicht nur die Hauptpersonen wie kleine Spielzeugfiguren hin und her gedreht, von allen Seiten betrachtet, auch all die unzähligen anderen, die, wie das im Leben so ist, nur einen kurzen Auftritt haben, nur einmal im Roman erscheinen, nur eine Szene, oft nur einen Satz haben, ein winziges Schicksal, geboren dann und dann, gestorben dann und dann und dazwischen, na ja, was soll schon gewesen sein, wie es halt so zugeht. Und schon ist wieder die Stadt dazwischen, beherrscht sie alle, läßt sie wie Marionetten tanzen, der Erzähler Döblin lehnt sich zurück, wer will dieses Gewusel schon auseinander sortieren, wer hat schon eine Ahnung, warum, weshalb, wieso.

Die Stadtwelt redet, die Menschen reden ein bißchen mit, Jargon, Dialekte, Reklamesprüche, Schlagertexte, ein bewußtloses Durcheinander von Redensarten, Tag und Nacht und noch im Traum, alle Handlungen begleitend, alle Gefühle durchdringend. Gefühle, ja die gibt es auch in diesem Roman, sie kommen sogar im Übermaß vor, aber eben nicht zielgerichtet und harmoniesüchtig auf das Romanende sortiert, erhebend immer nur für den Moment, dann schon wieder ins Dumpfe fallend, quälend, vernichtend, die Menschen zerreißend, die ihre Gefühle mit dieser Welt nicht in Einklang bringen können. Gefühle sind hier überhaupt das Dümmste, was man haben kann, absolut tödlich, sie passen nicht zu den Geschäften, sie passen nicht in dieses Großstadtleben, sie gehen unter in diesem endlosen Gerede, mit dem die Personen ratlos ihre Situation und all die großen und kleinen Dinge kommentieren, die über sie herfallen, staunend »Wat et allet so jibt« und was ihre Handlungen und ihre Gedanken und eben auch ihre Gefühle bestimmt, in einer Welt, der sie sich nicht entziehen können, weil sie in ihrer Sprache ist.

Döblins *Berlin Alexanderplatz* gehört zu den großen Gesängen vom Untergang des Menschen, von seiner unauflösbaren Tragik im Handeln und Nichthandeln, seinen alltäglichen Kämpfen, seinen Aufschwüngen und Niederlagen, seinen Heldentaten und Leiden und Selbstzweifeln – und jeden Tag wieder antreten und weitermachen, weiterleben in einer Welt ohne Sinn, die nun mal läuft, wie sie läuft, keiner hat das Uhrwerk begriffen, keiner hat das aufgezogen, das schnurrt so ab und der Mensch rennt mit. Da handelt die Zeit, der Mensch, der auf seinem individuellen Schiksal besteht, kommt nur unter die Räder, ein winziges Korn im Mahlstrom, er verschwindet, wie er auf die Welt kam, unauffällig, fast namenlos.

Ein assoziatives Schreiben, das den Text explosiv ausbrechen läßt aus der braven Syntax der akkuraten, schön gezirkelten Sätze, aus der abgewogenen und abgemessenen Erzählung der Dinge, eine ungezähmte Sprache, die tausend Fakten aufnimmt, alle wie ein Wirbelsturm durcheinanderbringt, die die Realität in sich hineinsaugt und die Träume und Wünsche der Menschen in Alpträume und angstvolle Gefühle verwandelt.

Das Schreien, Flüstern, Stöhnen, Jammern, Lachen, das den Menschen begleitet, wie einst im griechischen Drama ein Chor die Handlung des Helden begleitete, mit dunklen Weissagungen, Drohungen und Prophezeiungen, ihn zur Ordnung rufend. Doch hier gibt es keine Ordnung mehr. Sinn und Zweck und Ziel des Menschen sind unbekannt. Hier erfüllt sich kein: »Ist gerettet«, hier gilt nur der Satz, der in Strindbergs *Traumspiel* steht: »Es ist schade um den Menschen.«

Eine zweite Erzählebene spiegelt das verletzte, armselige, trauernde und lachende Ich, führt es in vielfachen Reflexionen und Reaktionen in die Irre, eine Spiegelwelt, die jeden Satz in einem unerkennbaren Echo zurückwirft, wie eine Außenhaut die Menschen umschließt, ihnen die Luft nimmt, die Seele abschnürt, alle Reaktionen schon im voraus kennt, denn der Mensch sitzt inmitten einer von ihm erdachten, konstruierten und erbauten Zivilisation, die für Hunderttausende, ja für Millionen errichtet wurde, und den einzelnen deshalb hoffnungslos und ratlos und chancenlos zurückläßt, weil es hier nichts gibt, was einem einzelnen noch einfallen könnte, außer, es rechnet sich.

So läuft seine Phantasie ins Leere, die ihn umschließende Welt bestimmt seine Gedanken, seine Gefühle, seine Redensarten; da weiß man nicht mehr, ist es eine Person, die da redet, oder redet da schon wieder das Kaufhaus Tietz oder quasselt gerade der Nebenmann in der Straßenbahn oder die Nebenfrau bei Aschinger oder steht das alles nur in der Zeitung oder kommt das aus dem letzten Film.

Die Außenwelt wird zur Innenwelt, sie reden alle wie die Reklametafeln oder die Schlager oder so, wie die Politiker ihnen das Wort vorgeben. Da plappern sie mit, da sind sie helle, »Mir kann keener«, dabei sind sie alle schon geliefert, »En gros und en detail«, »Bestellt und nich abgeholt«. »Wie is mir denn«, Konfektionsware, die ihren vorbestimmten Weg geht. Durchkalkulierte Gefühle, vorberechnete Handlungen, abgestimmte Schicksale.

Döblin hat diese Welt, und darin weitergehend als alle anderen Autoren, in die Köpfe seiner Personen eingehämmert, die nicht mehr ahnen, daß die täglich sie umgebenden Bilder und Sprachpartikel nicht aus ihrem Leben kommen, nichts mehr mit ihnen selbst zu tun haben, denn die zwei Erzählebenen, die personale psychologische und die objektive der neuen Welt, sind hier zu einem einzigen Erzählstrang verbunden, zu einer Realität, die den Menschen von seiner Außenwelt nicht mehr unterscheidet.

Die Personen, die da herumlaufen, sind vollkommen an die Sprache und Bildwelt einer Millionenstadt angepaßte Wesen, so wie die Tiere zum Schlachthof gefahren werden, fahren sie mit der Straßenbahn, U-Bahn, Hochbahn zur Arbeit, und nur als Beispiel, nur zum Exempel, beugt sich der Autor über diese Welt, angelt sich da einen heraus, nimmt ihn in die Hand, führt ihn uns vor, hält ihn uns ganz dicht vor die Augen, Franz Biberkopf, der einzige und einzelne, fast zwei Zentner schwer, Flausen im Kopf, 'ne Molle im Bauch, passablen Anzug an, er streckt seine Plautze raus und tritt der Welt entgegen, und sagt, nun will ich von dieser Welt aber mal was haben, und der Autor Döblin grinst und sagt, da werd ich dir die Welt mal vorführen, und blinzelt uns zu, seht euch den an, eigentlich einer wie alle anderen auch, nicht besser, nicht schlechter, will etwas von der Welt haben, kann er haben, werde ich ihm und dem geneigten Leser einmal vorführen, wie das funktioniert.

Bei Joyce sind es eher endlose Redeschlachten, verlorene Monologe, die die Welt in stundenlangen Selbstgesprächen aus dem Blickwinkel des Helden und seiner Kumpane umkreisen. Schon Nabokov hat darauf hingewiesen, daß ein Mensch nicht ausschließlich in Sätzen denkt, sondern auch in Bildern, die Sprache des immerwährenden inneren Monologs also ihre Grenzen hat. Dos Passos' großräumige Panoramen, obwohl kunstvoll verflochten, sind in ihrer Aneinanderreihung von immer gleichen Schicksalen doch mehr der genauen Reportage verpflichtet. Die souveräne Virginia Woolf ist da eleganter, in den feinen Brüchen ihrer stilvollen Welt ist die Ironie zu Hause und der milde tadelnde Spott.

Döblin ist sarkastischer, direkter in seinem schlagfertigen Witz, diese Berliner Schnauze, die alles zuschanden redet, diese Komik, die aus dem Jargon kommt, der uns natürlich näher ist als die alkoholische Katholizität Dublins, die illusionslose Nüchternheit Manhattans, oder den wie kostbare Perlen vieldeutig schimmernden Sprachwelten der Virginia Woolf vor dem Hintergrund Londons.

Die Kritik und die Literaturwissenschaft hat bisher viel Zeit und Lust und Scharfsinn auf das Dechiffrieren des Textes verwendet, und eine Änderung ist da nicht abzusehen. Es ist aber nicht wichtig, wo Mokka-fix nun wirklich seinen Laden hatte. Man wird den Alexanderplatz in Berlin nicht nach dem Döblinschen Roman wieder aufbauen, genau so wie man Dublin nach dem *Ulysses* von Joyce nicht wieder aufbauen könnte, wie es von seinen enthusiastischen Anhängern behauptet wird.

Auch die Frage nach der Montagetechnik führt in die Irre, übersieht den Roman, die Sprachebenen, die der Erzähler zusammenführt. Es ist das legitime Recht des Erzählers, über alle Sprachebenen zu verfügen, Sätze, Worte, Sprachfetzen, Bilder und Musikstücke labyrinthisch ineinanderzudrehen oder wie eine Fuge zu bauen. Die Sprache des Erzählers, der alles durchschaut und sich nichts vormachen läßt – denn auch er, das weiß er, ist nur Teil des Ganzen, das er registriert –, diese Sprache abzulösen von ihrer Erzählfunktion, Montagen oder Collagen in ihre Einzelteile zu zerlegen, das ergibt nur ein mechanisches Raster und sagt wenig über diesen Roman. Döblin hat sich nicht lange mit der Zusammenführung von Montagen und Collagen aufgehalten, er erzählt von einer Welt, die er in Sprache gebracht hat.

Ebensowenig bringt uns die Untersuchung der Filmtechniken in Döblins Roman weiter. 1929, in dem Jahr, in dem *Berlin Alexanderplatz* erschien, beherrschte der neue Tonfilm die Kinos, ab da durfte man erst von Filmgeschichten reden. Sicher, es gab vorher Pudowkin und Eisenstein, Gance und Griffith und andere mit ihren Montagekünsten, Schnitt und Blende waren ein Thema, aber man soll das nicht überschätzen, ein großer Erzähler beherrscht nicht nur die Sprache, er beherrscht auch die Romantechnik, er erzählt mit diesen Mitteln reicher, als es jeder Film kann. Es scheint doch eher so zu sein, daß die Filmstrukturen den Erzähltechniken des Romans entlehnt sind. Schon in Tolstois *Krieg und Frieden* kann man, wenn man will, Schnitte und Überblendungen, Rückblenden und Panoramaschwenks finden, jeder Filmregisseur hat da ein perfektes Drehbuch. Oder Flaubert, denkt man nur an die Beschreibung der Landwirtschaftsausstellung in *Madame Bovary*, jeder Filmregisseur kann das aus dem Roman heraus drehen. Nein, der Film hat sich die Erzähltechniken des Romans angeeignet, viele Romane zeugen davon. Es mag später Wechselwirkungen gegeben haben, aber das ist unerheblich.

Außerdem kannte Döblin sehr genau die Bilder der Expressionisten. Er war lange mit Ernst Ludwig Kirchner befreundet, besuchte ihn noch in Davos, war also mit der Bildsprache der Maler seiner Zeit vertraut, was für einen Romancier eine ergiebigere Quelle ist als ein industriell hergestelltes Kinoprodukt. Und Kirchners Großstadtbilder sind durchaus als Pendant zu Döblins Romanen zu sehen.

Was bleibt, wenn wir alle diese Formfragen einmal beiseite schieben und auch das Wort »Großstadtroman« vergessen?

Döblin, und damit zum Kern des Romans, erzählt wie Joyce im *Ulysses* eine ganz alte Geschichte, er erzählt noch einmal die Geschichte des Christos, so wie sie vor ihm Dostojewski in *Der Idiot* erzählt hat.

Im Formalen die gleiche übersteigerte Sprache, die gleiche labyrinthische Erzählweise, im Inhaltlichen der gleiche Großstadthintergrund einer sinnlos funktionierenden Gesellschaft.

So wie Franz Biberkopf, aus dem Gefängnis entlassen, in einem Wirbel von Eindrücken mit der Straßenbahn in die Stadt Berlin fährt, fährt Fürst Myschkin, aus einem Sanatorium kommend, mit dem Zug in einem Wirbel von Eindrücken nach Petersburg. So wie Franz Biberkopf auf die Stadt Berlin und ihre seltsamen Lebensregeln stößt, die er in seiner langen Abwesenheit vergessen hat, stößt Fürst Myschkin auf die für ihn fast exotisch gewordenen Gesellschaftsregeln des Zarenreiches. Hier wie dort die gleichen unverständlichen Sätze, Redensarten, Lebenseinstellungen, die gleiche abweisende Lebenswelt einer durch finanzielle und machterhaltende Interessen verbundenen Gesellschaft. Pums und seine Frau, die ganz seriös eine Gaunerbande anführen, sind in ihrem unternehmerischen Elan fast eine Parodie auf die dem Geld nachjagende Gesellschaft, in deren Zentrum General Jepantschin und seine Frau stehen.

Sowohl Franz Biberkopf wie Fürst Myschkin werden, trotz

oder gerade wegen ihrer guten Vorsätze, zu Außenseitern in dieser Welt. Die Parallelen im Handlungsgerüst der beiden Romane sind ganz offensichtlich, Fürst Myschkin und Rogoschin. Biberkopf und Reinhold. Beide, Rogoschin und Reinhold, ragen in ihrer zerstörerischen Art aus der Gesellschaft heraus, neigen zum Bösen, so wie Biberkopf und Fürst Myschkin zum Prinzip des Gutmeinenden und Menschenliebenden. Die beiden Gegenpole verbinden sich in einer seltsamen Haßliebe. Sowohl Reinhold wie Rogoschin begehen an Biberkopf und Fürst Myschkin einen Mordversuch. Reinhold wirft Franz Biberkopf nachts aus dem fahrenden Wagen, um ihn zu töten, der kommt noch einmal davon, ist aber ohne Arm ein Krüppel, Rogoschin überfällt Fürst Myschkin auf einer dunklen Treppe, der stürzt die Treppe hinab, fällt in einem epileptischen Anfall zurück in seine Krankheit. Der ohne jede Moral lebende Reinhold ermordet zum Schluß die von Biberkopf geliebte Mieze, ohne besonderen Grund, mehr um Biberkopf zu vernichten. Der ebenfalls fern der Moral lebende Rogoschin ermordet zum Schluß die von Fürst Myschkin geliebte Nastassja Filippowna. Dostojewski schildert, wie die Gesellschaft Rogoschin und Fürst Myschkin vorfindet, in einem Salon neben der Leiche sitzend. Döblin vereinigt Reinhold und Biberkopf auf dem Titelblatt einer Zeitung, zwei Fotos nebeneinander, mit einem Bericht über den Mord. Franz Biberkopf kommt in ein Irrenhaus, Fürst Myschkin, rückfällig geworden, fährt zurück in sein Sanatorium. Die beiden Antagonisten gehen gemeinsam aus dieser Welt, es bleibt das Gute und das Böse, das eine, das ohne das andere nicht sein kann.

Michail Bachtin bezeichnet in seinem glänzenden Buch *Probleme der Poetik Dostojevskijs* (ebenfalls 1929 erschienen) die kontrapunktische Vielstimmigkeit bei Dostojewski als Erzählstil des neuen polyphonen Romans (das trifft wohl auch auf *Berlin Alexanderplatz* zu) und er schreibt ausdrücklich: »Der Held interessiert Dostojevskij als jeweils besondere Möglichkeit, die Welt und sich selbst zu betrachten, als deutende und urteilende

Position des Menschen sich selbst und der ihn umgebenden Wirklichkeit gegenüber. Für Dostojevskij ist nicht wichtig, als was der Mensch in der Welt erscheint, sondern vor allem, wie dem Helden die Welt und wie er sich selbst erscheint.«

Daß diese auch formale Verbindung Döblins zu Dostojewski bisher noch nicht erkannt wurde, ist wohl durch die voreilige Klassifizierung als Großstadtroman entstanden. Läßt man dieses Klischee beiseite, so ist Döblins *Berlin Alexanderplatz* wie Dostojewskis *Der Idiot* eine der großen Beschreibungen der menschlichen Passion.

Das leise klagende, traurige Lied vom Untergang des einzelnen, des Schwachen, der sich der Welt in Liebe nähert, der aber an den konventionellen Sätzen, der bombastisch sich ins Leere drehenden Redewelt einer Gesellschaft scheitert, die nur ihre Interessen kennt.

Die Qual des Einsamen, des Verlassenen, auf den ohne Hoffnung, ohne Erlösung nur der stille Tod wartet, der alle Fragen auf seine Weise beendet.

Die Geschichte des Christos, der an der Welt scheitert, weil er mehr von ihr will, als sie den Menschen gewährt.

Eine der großen Passionsgeschichten dieses Jahrhunderts, auf eine Stufe zu stellen mit Dostojewski, und damit anders und neu zu lesen.

Thomas Brussig

Klassiker stillgestanden!

Was ist eigentlich ein Klassiker? Etwas, worauf Deutschlehrer ihre Macht gründen? Ein belletristisches Werk, das dafür, daß es kaum jemand liest, trotzdem ziemlich bekannt ist? Oder ein Werk, das eine Form, ein Muster anbietet, das immer wieder, durch die Jahrzehnte und Jahrhunderte und auch von anderen Autoren variiert, genutzt und ausgebeutet wird?

Ich werde nicht von meinem Versuch schreiben, mich durch die *Suche nach der verlorenen Zeit* zu quälen. Statt dessen werde ich über zwei Bücher schreiben, die ich während meines Wehrdienstes las. Das eine war *Die Abenteuer des braven Soldaten Schwejk*. Ich hielt es für einen genialen Schachzug, mit diesem Buch bis zu meinem Wehrdienst zu warten. Dabei handelte es sich beim *Schwejk* strenggenommen gar nicht um *ein* Buch. Mein *Schwejk* (in der »Taschenbuch der Weltliteratur«-Edition des Aufbau-Verlages) umfaßte zwei Bände von jeweils vierhundert eng bedruckten Seiten. Dafür brauchte ich eine Weile, und es entging niemandem, was ich lese. Auch nicht meinen Vorgesetzten. Bei jeder der zahllosen Spindkontrollen fiel ihnen dieses Buch in die Hände, und jedes Mal machte ich mich aufs Neue verdächtig. Sollten sie ruhig glauben, sollten sie ruhig fürchten, ich lese dieses Buch wie eine Gebrauchsanleitung! Sie wußten ganz genau, daß ihr System dann am meisten vom Einsturz gefährdet ist, wenn es beim Wort genommen wird. Schwejk war, so dachte ich vor der Lektüre, als Soldat völlig unbrauchbar, weil er die Befehle aufs Wort befolgte. Er sabotierte durch Gehorsam – und niemand konnte ihm was. So wäre auch ich gern durch meinen Wehrdienst gegangen. Ich verdiente durchaus das Mißtrauen meiner Vorgesetzten.

Natürlich war ich nicht Schwejk, und ich wurde es auch nicht. Dazu fehlte mir der Gleichmut gegenüber allem, einschließlich gegenüber dem, was mit einem selbst geschieht. Schwejk wurde mißhandelt, geschlagen, eingesperrt, in Ketten gelegt, auf Diät gesetzt, zum Erbrechen gezwungen usw. Er war nicht empfindlich – ich bin es. Außerdem fehlte mir die Schwejksche Gabe, alles, was an mich herangetragen wird, auf ein Bauern- oder Hundezüchter-Niveau herunterzubrechen und Weltgeschichte in Profangeschichten zu ertränken. Ich könnte nicht, wie Schwejk, einen gerade erschossenen Erzherzog Ferdinand bruchlos in eine Erfahrungswelt, die aus Schweinen, einer Bunzlauer Schwägerin, Promenadenmischungen, Verdauungsproblemen und Suffgeschichten besteht, einweben. (Unter anderem deshalb nicht, weil ein neunzehnjähriger Berliner Abiturient einfach mal eine andere Erfahrungswelt hat.) Nach etwa zwanzig Seiten war klar, daß sich der *Schwejk* nicht zur Gebrauchsanleitung eignete. Aber das mußte ich ja niemandem sagen. Ich las den Schwejk weiter, ohne daß er mich noch richtig interessierte. Es ging mir vor allem darum, mit diesem Buch gesehen zu werden.

Schwejks Art, sich gegen die Anmaßung der Welt zu imprägnieren, indem der einfach unbeirrt von sich und seiner kleinen Welt redete, trieb seine Gegenüber immer wieder in die Verzweiflung. Niemand weiß besser als die Westdeutschen, was es heißt, einem Schwejk in die Hände zu fallen: Daß Ostler immer wieder auf die DDR zu sprechen kommen, raubt Westlern den letzten Nerv. Bei Schwejk steckte noch ein Kalkül dahinter; er wußte ja, was er tat und mußte die Welt an seinem Dorfverstand nur auflaufen lassen. Wenn Ostler hingegen Westler an ihrem DDR-Verstand (eine andere Art des Schwejkschen Dorf-Verstandes) auflaufen lassen, tun sie das meist ohne Kalkül – sondern weil sie sich etwas ordnen, an etwas erinnern, und weil sie etwas haben, das sich überhaupt erzählen läßt. So geht's mir auch jetzt: Erwartet jemand von mir wirklich, ich schreibe über meine Versuche, mich durch die *Suche nach der verlorenen Zeit* zu quälen?

Schwejk war klein und blieb es auch. Er wollte gar nicht groß rauskommen. Anders war Charlie Chaplins Tramp in *Gewehr über*: Zwar zog der, ähnlich Schwejk, als Tolpatsch, Witzfigur und Ärgernis in den 1. Weltkrieg – aber dann nahm er durch eine Verkettung burlesker Umstände den deutschen Kaiser fest und kehrte hochdekoriert zurück. Darin unterscheiden sich die Märchen einer Großmacht und einer kleinen Nation: Die Kleinen der Großmacht können mit etwas Glück groß rauskommen. Die Kleinen der kleinen Nationen können mit etwas Glück überleben. Ich mag den Schwejk. Ich mag seine Gleichgültigkeit, sein Desinteresse gegenüber dem Irrsinn der Welt und seine Weigerung, sich in diesem Irrsinn verschleißen zu lassen. Schwejk paßte zu den Tschechen und er paßte auch in die DDR. Schwejk paßt leider nicht nach Deutschland, das zu groß ist, als daß ihm eine Gleichgültigkeit gegenüber dem Weltgeschehen geglaubt werden könnte. Um Schwejk zu sein, muß man Geschichte immer nur erleiden, darf nie die Chance haben, Geschichte gestalten zu können.Ein anderer Klassiker, den ich während meines Wehrdienstes las, ist ein, nein, *das* deutsche Weltkriegsbuch: *Im Westen nichts Neues.* Hier ist der Krieg ganz dicht, der Roman ist kunstlos gehalten, damit die Leser um so unverstellter auf das Grauen des Krieges schauen können. Dieses Buch läßt nichts aus und wird dadurch zu einem leidenschaftlichen pazifistischen Aufschrei. Es strotzt vor eindrucksvollen und natürlich fürchterlichen Kriegsszenen. Mir blieben trotzdem nur zwei in Erinnerung: Die von dem angeschossenen Pferd, das sich in den eigenen Gedärmen verheddert, und die von dem verwundeten Soldaten, der tagelang zwischen den Frontlinien schreit und wimmert, der aber, weil er den Mund dicht am Boden hat, unter den vielen herumliegenden Leichen nicht ausgemacht und demnach von keinem Gnadenschuß erlöst werden kann.

Eigentlich sollte, nachdem dieses Anti-Kriegs-Buch von so vielen Menschen gelesen wurde, kein Krieg mehr möglich sein. Man muß ernüchtert fragen, wie sich Kriege abschaffen lassen sollen, wenn selbst solch ein Buch den Krieg nicht abschaffen kann. Oder anders herum: Was Bücher können überhaupt, wenn nicht mal *Im Westen nichts Neues* Krieg verhindern kann. Sollte ich je in meinem Pazifismus (der zugegebenermaßen keinen ernsthaften weltlagenbedingten Anfechtungen ausgesetzt ist) schwankend werden, müßte ich nur zu *Im Westen nichts Neues* greifen, und alles wäre wieder im Lot.

Im Westen nichts Neues wurde ein riesiger Erfolg und ist von diesem Erfolg auch nicht abzulösen. Mit einer Auflage im unteren vierstelligen Bereich und regelmäßigen Höchstnoten in Fachkritikerkreisen käme es nicht in den Klassikerstatus. Denn *Im Westen nichts Neues* ist ein Erfahrungsbuch, es beansprucht – autorisiert durch die Vielmillionenleserschaft – für alle zu sprechen, die in diesem Krieg gewesen sind. Hätte *Im Westen nichts Neues* die Leserschaft von, sagen wir mal, *Finnegans Wake*, wäre es im Gegensatz zu letzterem kein Klassiker.

Habe ich einen schriftstellerischen Nutzen aus meinen Klassikerlektüren gezogen? Ist mir ein Muster angeboten, das ich bedient habe? Eher nein. Aber ich habe zu beiden Büchern Lesarten gefunden, die im Einklang mit dem eigenen Schreiben stehen. Beim *Schwejk* interessiert mich der, nun ja, *Held*. Daß sich ein trotteliger Held nicht abnutzt, sondern daß sich mit ihm lustvoll Seite um Seite füllen läßt, die sich hinterher ebenso lustvoll weglesen – das habe ich beim Schreiben von *Helden wie wir* erfahren. Ein Trottel, der Geschichte machen will, das ist fast noch schöner als Geschichte, die an einen herantritt, der sich trottelig stellt.

Die Erfahrungen von vielen zum Thema zu machen – das war der Vorsatz für *Wie es leuchtet*, meinem Roman über die Zeit zwischen den Sommern 1989 und 1990. In den Erfahrungen von vielen haben Romane eine eigene Chance – die Leserinnen und Leser vergleichen sich mit dem, was ihnen der Roman anbietet. Sie werden nicht in eine unbekannte Welt entführt, sondern in eine bekannte. Sie können sich in ihren eigenen Erinnerungen bestätigen, können ihre diffusen, vagabundierenden Empfindungen antäuen an das, was ihnen schwarz auf weiß angeboten wird.

Rainer Merkel

Die Geschichte des Kusses von 1982

> »Aber da fuhren ihre beiden Hände, die offenbar wartend auf der Decke gelegen, plötzlich empor. Wie Klammern umpreßten sie von beiden Seiten, ehe ich den Kopf wegwenden konnte, meine Schläfen und rissen mir den Mund von der Stirne nieder an ihre Lippen. So heiß, so saugend und gierig preßten sie sich an, daß die Zähne die Zähne berührten, und gleichzeitig wölbte und spannte sich drängend ihre Brust empor, um meinen herabgebeugten Körper zu berühren, zu spüren. Nie in meinem Leben hab ich mehr einen derart wilden, einen so verzweifelten, einen so durstigen Kuß empfangen wie von diesem verkrüppelten Kind.«
>
> Stefan Zweig, ›Ungeduld des Herzens‹

Kann es tatsächlich so gewesen sein, dass ich mit meiner ersten Freundin nur aus Mitleid zusammen gewesen bin? Dass ich ihr nur aus Mitleid die Treue gehalten habe? In dem Jahr kurz vor dem Abitur, als ich anfing, *Ungeduld des Herzens* zu lesen, das Jahr, das dann auf einmal gegen alle Zeitrechnung mitten im Sommer in den Katakomben der Dortmunder Westfalenhalle endete. Oder ist es nicht vielmehr umgekehrt gewesen? Meine damalige Freundin, mit der ich zusammen das Abitur bestehen wollte, ist mit *mir* nur aus Mitleid zusammengeblieben.

Ich erfahre von einem Freund, dass meine Freundin eigentlich gar nicht meine Freundin ist. Er ist Sozialpädagoge und schon ein bisschen älter. Er erklärt es mir am Telefon, bei der Planung unserer Fahrt zur Dortmunder Westfalenhalle, während er mich gleichzeitig geschickt auszufragen versucht. »Also ihr seid schon zusammen gewesen? Aber dann, sagst du, ist noch gar nichts *passiert* …« Er ist in der katholischen Kirche engagiert, von dort stammt seine Gerissenheit, seine schwärmerische Böswilligkeit, seine Großzügigkeit gegenüber den Gebrechen und Verformungen seiner Mitmenschen (denen er nachsichtig Absolution erteilt). Meine Freundin, sagt er, diagnostiziert er, ist nur deswegen mit Männern zusammen, um jegliche sexuelle Begegnung zu vermeiden. Ich lese *Ungeduld des Herzens*, zu Hause auf dem Wohnzimmersofa, und ich bin erstaunt, wie verkrüppelt und deformiert ich bin. Mein Sozialpädagogik-Freund sagt: »Das ist ja ganz schön mies. Das ist eine miese Tour.« Er tröstet mich. Er stellt mir ein klärendes Gespräch in Aussicht, und dann soll ich ihm mein Herz ganz ausschütten.

Immerhin küssen wir uns. Und zwar so: Wir bewegen uns nicht, rühren uns nicht von der Stelle, pressen unsere Lippen aufeinander, als müssten wir uns gegenseitig künstlich beatmen. Meine Freundin hat schmale schlichte Lippen, die nichtsdestotrotz für mich das Paradies darstellen. Es sind Lippen der Ironie. Nur wenn wir uns küssen, sind sie, ist sie, bin ich nicht ironisch, obwohl wir alles dafür tun, dass unsere Küsse ironisch gefärbt sind. Es sind statische Küsse. Unsere Lippen sind große unter Wasser lebende Säugetiere, die an den Strand gespült worden sind und dort von Tierschützern daran gehindert werden, aus dem Leben zu verschwinden. Eine Devise heißt: Bloß nicht die Stellung des Mundes ändern, solange unsere Lippen sich berühren. (Wir haben es, und es ist besser, es sofort zuzugeben und nicht länger zu leugnen, im Fernsehen gelernt. Es sind mechanisch-industriell gefertigte Cary-Grant- oder Sean-Connery-Küsse.) Unsere Lippen schließen die Zonen unserer Intimität ab, indem wir sie aufeinander pressen, und im Schutz dieser Heimlichkeit tun wir das Unglaubliche, das Ungeheuerliche: Unsere Zungen versuchen sich zu berühren, versuchen, in Kontakt zueinander zu kommen.

Aber ich hätte ahnen müssen, dass diese Küsse zu nichts führen und für unsere Beziehung in gewisser Hinsicht sogar gefährlich sind. Unsere Küsse sind Fluchtorte. Es sind keine literarischen

Küsse, keine Küsse, die die Handlung voranbringen, abschließen oder zu etwas überleiten. Meist liegen wir auf ihrer zu einem Bett umfunktionierbaren Schlafcouch, eine Errungenschaft der 80er Jahre. (Es erfordert einen Augenblick des Innehaltens, der Reflexion, bevor sich die Couch in ein Bett verwandeln lässt, was aber in meinem Beisein nie geschieht.) Wir küssen uns den ganzen Abend, nur von Momenten kurzer Ironisierung, vom kurzen Luftholen und Stellungswechseln unterbrochen. Ein Stellungswechsel 1982 sieht so aus: Man küsst nicht links an der Nase vorbei, sondern rechts an der Nase vorbei. Niemals aber würde ein solcher Positionswechsel während eines Kusses geschehen. Das erscheint unmöglich. »Das macht sie absichtlich«, sagt mein Sozialpädagogik-Freund. Seine These: Sie hat Angst vor der Sexualität, jemand, ich, sie, wir, wir beide haben Angst davor, weil wir emotional verkrüppelt sind. Aber das ist nicht so schlimm. Jeder ist 1982 emotional verkrüppelt.

»Du musst mir mal bei Gelegenheit sagen, was *sie* eigentlich darüber denkt«, erklärt mein Sozialpädagogik-Freund, kurz bevor wir nach Dortmund zur Westfalenhalle fahren, wo auf zwei einander gegenüberstehenden Bühnen Bands auftreten, die »Flock of Seagulls« oder »Dream Academy« heißen. Die Dortmunder Westfalenhalle ist der Ort, wo ich meine Freundin verliere. Später, während einer Umbaupause, in einem der betoneingefassten Verbindungsgänge, tief unter der Erde, in einem zu den Toiletten führenden Gang, den sie unter einem Vorwand aufgesucht hat. Sie küsst jemanden. Es ist jemand, den ich nicht kenne. Es sind die gleichen Küsse, die sie schon mit mir ausgetauscht hat. Mechanisch, vorsichtig, gedämpft, mit der Leichtigkeit einer Bewusstlosen, der Heiterkeit eines Singvogels. Vielleicht verliere ich sie aber auch gar nicht, sondern ich übergebe sie, reiche sie weiter. So wie die Liebe eben funktioniert, ein immerwährender Staffellauf, bei dem man nur auf den ersten und letzten Metern Kraft hat und ein Bewusstsein für das, was man tut.

Wir fahren von Düsseldorf nach Dortmund und von Dortmund nach Düsseldorf. Meine Freundin raucht, in der Pause auf der Autobahnraststätte. Ich liebe sie, oder ich glaube sie zu lieben, mit der gleichen verzweifelten Leidenschaft, mit der sich die Protagonisten in *Ungeduld des Herzens nicht* lieben und in der allergrößten Verzweiflung aneinander vorbeireden. Ich liebe die windumtoste Luft der Autobahnraststätte, die Gefühle der Verdammten und unschuldig ineinander Verstrickten. Ich liebe den süffisanten Zug um ihren Mund, wie sie auf mich zukommt, aber nicht mehr, um mich zu küssen, sondern um mir eine Frage zu stellen. »Und«, fragt sie. »Erzählst du mir was? Erzählst du mir eine Geschichte?« Ich könnte mich vor ein Auto werfen oder sie noch einmal zu küssen versuchen, aber ich grinse sie nur an. »Und?« Sie sieht mich triumphierend an. »Fällt dir denn gar nichts ein?«

In diesem Moment fängt das Zeitalter des Mitleids an. Von nun an bin ich der Verfolger eines heißen und uferlosen Begehrens. Ich werde von Wellen des Selbstmitleids erfasst. (Große schaumige Wogen mit aufblitzenden Spitzen und Kronen, rauschende Wasser-Blitzlichter, die in den Himmel aufsteigen.)

ZSUZSA BÁNK

Brechtallergisch

Lieber Herr Beck,
entschuldigen Sie, wenn ich heute, nach so vielen Jahren, die mich hätten milde stimmen müssen, doch deutlich werde, aber hier und jetzt habe ich die Gelegenheit, die einmalige, nie wiederkehrende, und ich muß es sagen, um es nicht herauszubrüllen: Was haben Sie uns, was haben Sie mir den Brecht verleidet! Ich habe das Reclam-Bändchen nach wenigen Seiten weggelegt, mit einem Würgen im Hals, innen und außen, das sich hinabzog, bis zum Magen. Nicht auszuhalten! Diese drei Agitatoren! Der alberne Quatsch mit den geballten Fäusten und der Klampfenmusik. Mein ständiger Verdacht, so reden Menschen doch nicht. Die Sprache quälte mich, der schroffe, gehackte Ton, der nichts in mir klingen ließ, das aufgesetzte Revolutionsgeplapper, die platten Botschaften. Der Arme ist gut. Der Reiche bös. Der Weltverbesserer in Gefahr. Welt und Mensch nicht mehr als das? Und dann Mutter Courage, die ich wenig couragiert, nur verhärmt und brüchig und staubig fand, und all das am Montagmorgen, in den ersten beiden Stunden, nach einem brechtlosen Wochenende hinein ins epische Theater, wachgerüttelt und aufgeschreckt mit seinen Grundsätzen, auf und ab und hoch und runter, nix als Theatertheorie, der lästige V-Effekt, aufhören, wenn's spannend wird – Mensch, der Brecht hat doch auch schöne Sachen gemacht! Hätten wir nicht auch einmal die lesen können? Hätten Sie nicht wenigstens einen Plattenspieler aufstellen und uns die Dreigroschenoper hören lassen können?

Drei Jahre Brecht. Das Deutsch-Leistungskurs-Martyrium episches Theater. Deutsch-Abitur: Brecht. Den konnten wir ja. Es gab keine anderen. Es gab keinen Hoffmann, es gab keinen Novalis, und weiß Gott keinen Schiller. Wer waren die? Schon einmal irgendwo gelesen? Ein Aufatmen, als die Referendarin uns unterrichtete, die kannte wenigstens Hölderlin und hatte schon von Faust gehört. Bei Ihnen aber: Immer wieder der eine. Über den wir trotzdem nichts erfahren haben. Wir kannten nur den aufbegehrenden Lederjackenbrecht. Wir kannten nicht den gebrochenen, den fliehenden, den flüchtenden, den blinden Brecht. Den Becher-Brecht. Deshalb war ich brechtverseucht. Ich hatte einen Brecht-Magen. Ich reagierte brechtallergisch. Gespräche mit Brechtbegeisterten hatten auch später keine Grundlage. Im Studium habe ich kein Brecht-Seminar angerührt. Bitte bloß kein Bertolt. Wie konnte man mich so verschrecken?

Vielleicht wird es Sie freuen, daß der Brecht und ich uns trotz allem angenähert haben, später, als ich über den Umweg Thomas Mann und die USA auch zu Brecht fand und mir zum ersten Mal seine Äußerung begegnete, Nationen sollten keine Namen, sondern Nummern haben, und mich dieser Gedanke fast umgehauen hat. Ich fand ihn nicht nur in seinen Gedichten, nicht nur in der Dreigroschenoper, aus der ich singend herausgehe. Wenn ich in Berlin bin, suche ich sein Haus auf, schaue auf den Friedhof, den er von der Schreibmaschine aus sehen konnte, und stehe vor dem breiten Regal mit Edgar-Wallace-Bänden und staune. Die drei Agitatoren habe ich ihm längst verziehen, Ihnen kann ich sie nicht verzeihen. Der Brecht, er war gar nicht so schrecklich. Warum haben Sie uns das verschwiegen?

Silvia Bovenschen

Richard Hughes, ›Sturmwind auf Jamaika‹

Nie las ich ein besseres Buch über die Welt der Kinder. Ich lese es intellektuell beeindruckt von der Klugheit des Autors, und ich lese es begeistert, versunken in eine Seeräubergeschichte.

Der englische Erzähler Richard Hughes (1900–1976) ist ein Meister des doppelten Bodens. »Sturmwind auf Jamaika« (A High Wind in Jamaica), 1929 erstmals erschienen, kann als ein englischer See- und Abenteuerroman gelten und ist doch sehr viel mehr als das. Alle Lockstoffe, wie wir sie noch aus den Tagen unserer Kinderlektüren kennen, sind vorhanden: Piraten, gekaperte Schiffe, ein Mord, Kolonialherren, Sturmwinde und die karibische See. Allerdings: die Piraten sind keine blutrünstigen Seeräuber mehr, sie sind es nur noch, weil sie nichts anderes können; die Kolonialherren sind machtlos und verarmt; der Mord ist Resultat einer kindlichen Panikhandlung; allein die Südsee und die Sturmwinde sind noch, was sie immer schon waren. Das Buch führt uns in die zweite Hälfte des 19. Jahrhunderts, ins postkoloniale Jamaika. Eine Atmosphäre der Überwucherung und Auflösung, eine müde naturrhythmische Gelassenheit liegt über allem, auch über dem Leben eines englischen Ehepaars, das seine besseren Tage hinter sich hat. Deren Kinder wachsen leicht verwildert heran. Sie werden, nachdem ein Hurrikan das marode Wohnhaus zerstört hat, aus Sorge um ihr leibliches, seelisches und geistiges Wohl von den Eltern auf ein Schiff gebracht, das sie für ihre weitere Erziehung nach England bringen soll. Dieses Schiff wird von halbherzigen Piraten gekapert, die nun, neben ihrer kargen Beute, die Kinder am Hals haben.

Da sich die ratlosen Freibeuter freundlich verhalten, haben die Kinder kein Bewusstsein einer Gefährdung. Eroberungsfreudig und anpassungselastisch fügen sie sich in das neue Schiffsleben ein. Im Mittelpunkt des Geschehens steht die zehnjährige Emily. Zu der Zeit, da sie auf das Schiff kommt, sieht sie sich geadelt durch das Erlebnis eines Erdbebens. Das Erdbeben war geringfügig, ohne Gefahr für Leib und Leben. Da aber Emily zuvor schon eine Idee von der Macht dieses Naturereignisses hatte, gibt es dafür einen Raum in ihrer Phantasie. Weit weniger beseelt ist sie hingegen von dem wahrhaft lebensbedrohenden Hurrikan. Allein der Tod des geliebten Katers, der in dieser Sturmnacht zugrunde geht, beeindruckt sie. (Weit mehr als der eines Menschen, den das gleiche Schicksal ereilt.) Mit der Beschreibung dieser vernunftfernen und moralfreien Bewertung von Gefahr und Schrecken, die die Erlebnisse in Emilys innerer Welt finden, präludiert Hughes sein großes Thema: das unausweichliche Unverständnis zwischen Kindern und Erwachsenen. Durchgängig beibehalten ist eine doppelte Perspektive. Und eine doppelte Plausibilität. Die Wertungen, die die Kinder ihren vielfältigen Erlebnissen mit Dingen, Tieren und Menschen einräumen, werden plausibel, weil Hughes uns die kindlichen Phantasie-Logiken diskret und sprachmächtig nahe bringt. (Jene wild aufgeladenen Verknüpfungen, die die kindliche Einbildungskraft bei den frühen Weltaneignungen vornimmt.) Und auch die Interpretationen, die die Erwachsenen für das kindliche Tun finden, sind plausibel – aber falsch. Wir verstehen die Kinder, wir verstehen die Erwachsenen, und wir verstehen, warum diese die Kinder nicht verstehen.

Als die Kinder schließlich von den Piraten an die »Zivilisation« eines englischen Schiffes übergeben werden, passen sie sich wiederum begeistert der neuen Erlebniswelt an. Sie schmiegen sich ins unverdiente Mitleid und bedienen die stereotypen Erwartungen mit unzutreffenden Erzählungen über die Schrecknisse auf dem Piratenschiff. Die Kinder »verraten« die zuvor geliebten Seeräuber, weil sie in ihren Aussagen den neuen Suggestionen folgen, die ihnen bald wirklicher scheinen als die vergangenen Wirklichkeiten. Und die Erwachsenen verurteilen die an den Todesfällen unschuldigen Piraten zum Tod, weil sie es nicht besser wissen und weil ihre eingeschliffene Vorstellungskraft keinen anderen Weg weist. An einer Stelle vergleicht Hughes die Unzugänglichkeit einer Kinderseele mit dem Innenleben eines exotischen Tieres, von dem wir nichts wissen können. Emily, die als Einzige die ganze Wahrheit kennt, schweigt undurchdringlich. Der Roman blamiert unsere sentimentalen und psychologisierenden Vorstellungen von dem, was ein Kind sei. Der Vater Emilys kommt einmal näher an die Wahrheit, als ihn für einen kurzen Moment ein unerklärliches Grauen beim Anblick seiner Tochter befällt. Um etwas mehr über Kinder zu lernen und um zu erfahren, warum das väterliche Grauen seine Berechtigung hat, muss man das Buch lesen. Unbedingt.

Abnorme Stühle
Teil 5: Die Häschenschule

Wir haben 2007, für mich immer noch keine anständige Jahreszahl, diese Zwei mit den zwei Nullen – immer noch ein waghalsiger Sprung, wenn auch computertechnisch dann ja doch kein Problem. Gefühlstechnisch aber schon. Das neue Jahrtausend? Ist noch nicht recht meins. Für die Kinder ist es normal. Die sind schon drin geboren worden.

Und jetzt kriegen sie wieder Klassiker zu lesen, beziehungsweise vorgelesen. Die Renaissance der alten Bilderbücher ist angebrochen, Neuauflagen angeblich heißgeliebter Wegbegleiter der Großeltern werden verlegt, gern im Miniformat für vier Euro fünfundneunzig.

Etwas von den Wurzelkindern. Die Häschenschule.

Nun ist es ja nicht so, daß ich nicht nostalgisch wäre. Ich singe hemmungslos den *Baggerführer Willibald* und anderes, arbeiterbewegtes Liedgut, das zu meiner Zeit hoch aktuell war. *Der Boß geht besser weg.* Oder: *Mädchen sind genau / so schlau / wie Jungen.* Grips-Parolen. Emanzipationsideen. Hoffnungslos überholt von der Zwei mit den zwei Nullen. Skurril. Zu verstehen nur noch im historischen Zusammenhang.

Aber die *Häschenschule*? Mein Gott.

Ja genau. Gott! Werte! Klassiker! Wie das Buch überhaupt. Das Sofa, auf das man sich am Abend setzt, ein kuscheliges Kind im Schlafanzug neben sich, aufmerksam lauschend, ehrfürchtig die Seiten umblätternd (was im Normalformat leichter ginge, aber da wären's dann schon zwölf fünfundneunzig).

Ich tue was für die Vermittlung von Werten. Ich trage dazu bei, daß nicht das Fernsehen die Erziehung übernimmt! Pisa! Spracherwerb! Historisches Eingebundensein, Traditionen, Handschriften!

Häschenschule – her damit.

Ich zensiere nicht. Alles, was irgendwie ins Hause flattert, wird vorgelesen.

Besorgt sehe ich in die aufnahmebereiten Kinderaugen. Wie kommt er an, der prügelnde Hasenlehrer? Taucht vielleicht doch die Frage auf, warum nur die Wurzelmädchen nähen müssen und die Hasenjungen toben dürfen? Nichts davon. Eh ich mich versehe, können die gelehrigen Kindermünder die klassischen Verse auswendig hersagen.

Werte. Und Bildung! Nein, ich zensiere nicht. Die letzten dreißig Jahre haben mich gelehrt, daß eins neben dem andern Bestand haben muß. Weiß *ich* denn, was die Wahrheit ist? Hat mich etwa der *Anti-Struwwelpeter* von F.K. Waechter endgültig befreit? In dem die Kinder den Polizist nackig ausziehen und um ihn herumtanzen?

Hm.

Zumindest hatte er Bildungswert, denn bei meiner Oma gab es das Original.

Während ich zum fünfzehnten Male die *Häschenschule* vorlese, fallen mir plötzlich die Parodien darauf ein, Parodien, die ich vor dreißig Jahren nicht als solche erkannt habe, weil es die *Häschenschule* auch bei der Oma nicht gab.

Hasenkinder seid nicht dumm von Janosch zum Beispiel. *Der Fuchs ist der mit dem buschigen Schwanz hinten.* Dann klemmt der Fuchs sich den Schwanz zwischen die Beine, hat ihn somit vorne und frißt die Häschen doch. (Meine Mutter fand Janosch übrigens sexistisch: »Was hat er nur immer mit seinem Schwanz?«)

Und dann *Rotkäppchen* von Floh de Cologne. Wo die Häschen in der Hasenschule lernen, daß man dem Jäger den Hochstand anknabbern muß, damit er Rotkäppchen und die Großmutter aus dem Wolfsbauch befreit. *Nur durch Mut und Einigkeit / siegten wir in diesem Streit!* – als gelehriges Kind kann ich's immer noch auswendig. Würde gern weiter daran glauben, aber irgendwie hat das dann auch nicht funktioniert. Die erste große Enttäuschung gab's 1983, als wir mutig und einig gegen die Stationierung von PershingII-Raketen auf die Straße gingen. Dann 1989, als das Land der stolzen Baggerführer und weggeschickten Bosse sich selbst auflöste …

Zurück bleibt ein unangenehmes Vakuum, in dem ich vielleicht versuchen sollte, für meine eigenen Kinder meine eigenen Klassiker zu parodieren. Den Baggerführer Willibald, zum Beispiel, gelyncht von den Kindern in Marzahn, weil das mit den bezahlbaren Wohnungen irgendwie doch nicht so gut rauskam. Den Anti-Struwwelpeter bei Germany's Next Topmodel, wo er lernt, sich schön zu schminken und Diät zu halten, damit ihn vier Millionen Fernsehzuschauer auslachen, wenn er in der nächsten Runde rausfliegt. Frederick, die Künstlermaus, die versucht, dem Bertelsmann-Konzern seinen neuesten Lyrikband anzubieten, schließlich braucht es doch mehr als Nüsse und Körner, um die dunkle Jahreszeit zu überstehen –

Nichts als Zynismus und Fatalismus. Keine ordentliche Stoßrichtung, keine frischen, vertretbaren Ideen. Was sag ich meinen Kindern?

Nichts. Ich lese ihnen zum sechzehnten Mal die *Häschenschule* vor. Die ist wenigstens historisch und längst überholt …

Stephan Wackwitz

Daily Records

Dass Literatur jemandem etwas bedeuten kann, habe ich als vielleicht zwölfjähriger Oberschüler zum ersten Mal verstanden, als unser Deutschlehrer der Klasse ein paar Gedichte von Georg Britting vorlas. Ich erinnere mich noch heute, wie seine immer viel zu trockenen und aufgesprungenen Lippen sich um die Worte dieser Texte gleichsam vorsichtig und mit einer fast obszönen Sorgsamkeit ballten und wölbten, ein Eindruck, in dem sich Ekel mit dem sicheren Gefühl mischte, dass diesem lächerlichen und gefährlichen Mann diese Zeilen wichtiger waren, als ich jemals nachvollziehen würde. Die mit dieser betulichen Sorgfalt gesetzten und vorgelesenen Britting-Worte, deren Zweitrangigkeit ich, wie ich heute noch weiß, instinktiv gefühlt und abgelehnt habe, zeigten mir durch ihre Wirkung auf meinen inbrünstig gehassten Deutschlehrer, dass es eine Macht gibt, die man nicht durch Langeweile erwerben muss (die einzige, die zu haben sich lohnt).

Die zeitgenössischen Bücher, die im Bücherschrank meines Vaters standen, jene Frisch, Grass, Aichinger, Bachmann, Böll (der in jener Zeit irgendwie den Nobelpreis bekommen zu haben schien), waren für mich damals (und sind es noch heute) Teil jener Verschwörung der Langeweile. Aber eines Tages lag auf dem runden Marmortischchen eines Ulmer Cafés neben einem Glas Tee ein auf dem Weg ins heimische Blaubeuren gekauftes Bändchen aus der *Bibliothek Suhrkamp*: Walter Benjamins *Einbahnstraße*. Mit diesem Bändchen ging es mir in der Folge so, wie seinem Verfasser mit Aragons *Le Paysan de Paris*, über den der marxistisch-kabbalistische »Literator« während seiner Pariser Zeit schrieb, er könne ihn nur seitenweise lesen, da er von der Lektüre ein derartiges Herzklopfen bekomme, dass er danach nächtelang wach liege. Als ich jenes schwarzrotweiße Bändchen auf dem Ulmer Cafétisch liegen sah – ein Buch, von dem mir meine Professoren nicht zu sagen gewusst hätten, ob es Poesie oder Prosa war, Theorie oder Fiction, Tagebuch oder Abhandlung, Autobiographie oder Pamphlet, ein Buch, von dem ich nun monatelang nicht mehr lassen konnte – wusste ich, dass die Langeweile für immer vorbei war. Nicht etwa, weil ich von nun an immer Benjamins *Einbahnstraße* lesen würde. Wie gesagt, konnte ich sowieso immer nur ein oder zwei Abschnitte davon auf einmal verdauen. Sondern deshalb, weil es von jetzt ab und für immer in der Welt der Bücher etwas gab, das ich so grenzenlos bewunderte, wie ich als Kind die Spielzeuge mancher meiner Kameraden bewundert hatte oder jetzt die älteren Studentinnen im germanistischen Seminar in der Schellingstraße. Erst in den achtziger Jahren, nach der ersten Lektüre der *Langsamen Heimkehr* von Peter Handke, habe ich wieder etwas so bewundert wie Benjamins *Einbahnstraße* (*Langsame Heimkehr*, träumte ich damals, habe in Wirklichkeit ein Jugendfreund geschrieben).*

* *Im Tagebuch taucht der Einbahnstraßenmoment schon als Teil von Geschichte auf. Das Leben geht über ihn hin: eine Misshandlung von Abhängigen beispielsweise; und mein verzweifeltes Festhalten an dazu nicht geeigneten jungen Frauen:* H. kommt (in Strümpfen) aus seiner Dienstwohnung, und ich höre ihn brüllen: »Wer war das?« und das Klatschen von Ohrfeigen. Ich gehe hoch, und während ich zusehe, kriege ich mit, wie er W. erst mal auf dem Zimmer etwa fünfmal voll ohrfeigt und ihm den Kopf gegen den Schrank stößt. Dann greift er sich H. und droht ihm, bis er ihm einen anderen denunziert. Dann klebt er W. noch mindestens 5 volle Ohrfeigen, die ganze Zeit brüllend. Ich frage, was denn los war, und dann, das sei wirklich zu weit gegangen, darauf sagte er: »Was *Sie* meinen! Das geht Sie überhaupt nichts an.« Nachtrag: Abends war es ganz unglaublich toll, weil es so herbstlich und kalt ist, gehen wir wie ein wirkliches Liebespaar ins Café und an den Tisch, wo ich die *Einbahnstraße* zum ersten Mal aus der Tüte nahm. Ganz ruhig sitzen wir und fangen an zu merken, wie verliebt wir sind. Ich weiß nicht, wie lange ›diese stille Rennbahn, wo das Getriebe leise ist‹, ihre Wirkung hatte, aber wir gingen erhoben wieder hinaus, und ich betrachte lang das Ulmer Münster, die frierende B. zwischen den Armen. Im Auto sehen wir uns eine halbe Stunde lang nur an und sagen: »Ich liebe dich.« Ich darf sie nicht verlieren, sonst häng' ich mich auf, »oder ich geh nach Amerika, und die Seekrankheit, das weiß ich, überleb ich nicht«.

Es ist schwierig, den Trost, die Erhebung, das sanfte innere Flugerlebnis zu beschreiben, das ich, in Benjamins *Einbahnstraße* hineinsehend, zum ersten Mal empfunden habe. Wie die Verliebtheit, wie den Effekt mancher Drogen auf das zentrale Nervensystem kann man das vielleicht nur wieder erkennen, nicht wirklich erzählen. Und man erlebt es ja nicht nur vor Büchern, sondern auch in manchen Landschaften, im Gespäch mit manchen Menschen, in manchen Museen. Mir strömt dieses Gefühl besonders häufig zu, wenn ich zu Fuß in eine noch unbekannte Stadt hineingehe. Es muss ein durch manche Kunstwerke und Situationen ausgelöster sekundenschneller Zufluss vom Lebensgefühl unserer Kindheit sein, das in irgendwelchen Schichten des Gehirns für immer aufbewahrt zu sein scheint. Wenn es frei wird, sind wir ein paar Sekunden lang von der Qual erlöst, das Vergehen der Zeit erleben zu müssen, von einer Qual, die in Wirklichkeit das finstere Herz der Langeweile ist. Einen Moment lang gibt es keine Zeit mehr, und es scheint die Verbindung von Unbekümmertheit und Formbewusstsein, von Anarchismus und Professionalismus, von Kindlichkeit und Erwachsensein in den Kunstwerken zu sein, die zumindest für mich diese Glücksmomente herstellt, während deren hinter den Dingen und der Welt wieder der Kindheitsgoldgrund sichtbar ist.

Wolfgang Hilbig

Der Leser

Der Leser, gäbe es ihn, wäre folgendes Wesen: ein Mensch, von hinten anzusehen, der gebeugt am Tisch sitzt, unter starker Lampe, reglos zumeist, mit oder ohne Brille, mit oder ohne Augen, sichtbar oder unsichtbar der Kopf. Ein liniertes Heft vor sich auf dem Tisch, füllt er mit schnellen Schriftzügen, behende die Seiten umblätternd, Zeile um Zeile, bis er, endlich am Ende, die Stirn auf das vollgeschriebene Heft sinken läßt; ein tiefer Seufzer, der sagt, daß nichts es ermöglichen kann, das einmal Geschriebene wieder zu löschen. – Längst sank mit aller blauen Schwere die Nacht, es ist Sommer, ein später Sommer in einem späten Jahrhundert, durchs halboffene Fenster sind Falter hereingeflogen, die sich mit vernehmlichem Klirren gegen das Glas der Glühbirne werfen. – Indessen sitzt der Leser über dem aufgeschlagenen Buch, wer weiß, ob er liest, nie hat er eine Seite umgeschlagen, er ist vielleicht eingeschlafen, oder er ist der sitzen gebliebene Schatten dessen, der aufstand vom Stuhl, durch seine Farbe schimmert das Schwarzweiß der Seiten. Wäre er der Leser, er säße gebrochen am Tisch, mit von der Tischplatte gefallenen Händen, mit zarten sinkenden Schultern, das Haar fiele ihm über die Brillengläser. Doch es wäre, als flüsterte aus jedem Wort des schwarzen hieroglyphischen Heers, das die Seiten bedeckt, eine Stimme, eindringlich, um den Leser zu wecken. – Wer, wenn nicht er, sofern er lebte, wünschte das Ende der Nacht herbei; es ist, als verlöre die Lampe an Kraft, als kröche durch die Drähte ihrer Leitung das Dunkel heran. – Und der Leser sitzt über dem Buch, und seine Hand blättert, blättert die Seiten um. Ruhig zuerst, zwischen je zwei Seiten eine Zeit geduldig wartend, dann ungeduldiger, schneller blätternd, schneller Seite um Seite, schlägt er um, mit bleichem Gesicht voller Zorn und Angst, mit geballten Fäusten wie rasend ganze Bündel von Seiten umschlagend, mit den Schultern, mit gesenktem Kopf, aufheulend fast, schiebt und stößt und drückt er die zu Wänden wachsenden weißen Seiten beiseite, aber kein Wort, keine einzige Letter findet er auf den leeren Blättern. – Gäbe es den Leser, nur mit den Augen, nein mit Feuer und Schwert, nur mit dem Mund spie er all seine Wörter ins leere Buch. Unverlöschlich bliebe sogar der den endlichen Abschluß der Arbeit krönende Seufzer der Freiheit.

Gerhard Roth

Bücher

I.

Professor Hofmann, ein pensionierter Deutschlehrer, der im gleichen Stockwerk wohnte wie wir, sprach mich, als ich von der Schule kam, vor dem Lift an und lud mich ein, mir seine Bibliothek anzusehen. Er habe von meiner Mutter gehört, sagte er, dass ich Bücher läse, ich könne mich gerne umschauen. Seine temperamentvolle kleine Frau lachte jedes Mal, wenn Unerwartetes geschah, so auch, als ich unsicher eintrat. Ihre Stimme war oft im Gang zu hören, wo sie mit den Hausparteien schwatzte und sich über Neuigkeiten amüsierte.

II.

Die Wohnung roch nach altem, vergilbtem Papier, und der Geruch ist mir in der Nase geblieben, weshalb ich jedes Mal, wenn ich ihn wieder wahrnehme, an den Professor und seine Bibliothek denke. Die Bücher in den schwarzen Regalen hatten keinen Umschlag mehr, das Leinen war ausgebleicht, und die Seiten hatten die Farbe von Sägespänen. Ich kannte keinen der Hunderte Titel und fragte daher nach einem Lexikon.

»Was willst du mit einem Lexikon?«, fragte der Professor. »Geh nach Hause und komm nach dem Essen wieder.« Er war groß, glatzköpfig, und die Haut war auf seinem Kopf und an den Händen übersät mit braunen Flecken. Er trug zumeist einen grauen Anzug mit Krawatte und dunkelbraune »englische« Schuhe. Ich begriff nicht, was er von mir wollte, als Gesprächspartner war ich sicher zu dumm für ihn, und ich fürchtete, dass er dahinterkommen könnte.

III.

In dieser Bibliothek, die meiner Vorstellung davon gänzlich widersprach, weil sie mir wie ein Altersheim für ausgediente Bücher vorkam, fühlte ich mich anfangs verloren. Ohne das Angebot von Professor Hofmann hätte ich vermutlich keines der Exemplare gelesen. Er dachte zuerst lange nach und verfiel dann auf den Titel *Till Ulenspiegel* von de Coster, mit dem ich allerdings nichts anfangen konnte. Ich ließ das Buch wochenlang zu Hause liegen und bat dann meine Mutter, es zurückzugeben. Hierauf versuchte er es mit anderen Werken, aber ich hatte mir inzwischen angewöhnt, die Bücher, die Paul sich in der Schule ausborgte, im Anschluss an seine Lektüre zu lesen. Es waren vor allem Werke von Arthur Conan Doyle und Jules Verne, *Der Hund von Baskerville* und *Zwanzigtausend Meilen unter dem Meer*. Sie regten meine Fantasie an, obwohl ich mich in ihnen schwer zurechtfand – bis ich mich entschloss, einfach weiterzulesen, wenn ich etwas nicht begriff.

IV.

Ich las wenig und langsam. Ich las »meine« Bücher, *Gullivers Reisen*, *Robinson Crusoe* und *Doktor Dolittles Zirkus* mehrmals. Ich liebte die Wiederholung. Nicht nur begriff ich ein Buch mit jedem neuen Lesen besser, ich wusste auch im Voraus, was geschehen würde, und daran war für mich nichts »Absonderliches«. Es bestätigte vielmehr meine trostlose Eigenschaft, den Verlauf von Ereignissen manchmal voraussehen zu können. Und als meine Mutter mir die Geschichte unserer Eisenbahnfahrt zu Kriegsende erzählte und ihre Intuition dafür verantwortlich machte, dass sie sich in Mautern plötzlich geweigert hatte, die vorgegebene Strecke einzuhalten, was möglicherweise unser Leben rettete, fühlte ich mich erleichtert und verstanden.

V.

Wenn ich mich recht erinnere, wollte ich eine Zeitlang immer nur dieselben Bücher lesen. Nicht, weil andere ihnen nicht gleichgekommen wären – das Beurteilen begann erst später –, sondern weil ich mir mit ihnen eine Gegenwelt aufbaute, in der ich mich besser zurechtfand als in der Schule. Ich konnte auf das Schicksal der Figuren keinen Einfluss nehmen, musste es vielmehr als Leser des Buches mit ihnen teilen, aber ich konnte Ereignisse, wenn sie mir missfielen, einfach überblättern. Zwischen den einzelnen Kapiteln, die ich für das wiederholte Lesen aussuchte, war ein Blackout. Bald las ich die Abschnitte, in denen Übles geschah, Gewalt und Unglück triumphierten, öfter als jene, in denen das Gute siegte. Mehr und mehr bewiesen mir die Bücher, was man mir immer verschwieg: den Sieg des Bösen über das Gute in der wirklichen Welt.

VI.

Gleichzeitig machte mich das Lesen auf eine spielerische Weise freier, weil alles, was mir damals Gewissensbisse verursachte, auch in den Büchern zu finden war – oft sogar bis ins Groteske vergrößert. Ich entdeckte im Denken der anderen auch mein eigenes. Solange ich lese, ist mir das Interesse an Selbstvergessenheit oder Selbstentdeckung und Selbsterfahrung nicht abhanden gekommen – ähnlich wohl den meisten Lesern –, vielleicht ein Indiz dafür, dass auch andere sich vergessen wollen oder sich nicht begreifen können. Noch in den schwärzesten Abgründen erkannte ich Facetten meines eigenen Wesens. Langsam ging mir auf, wie sehr ein Buch von der Sprache abhing, vom Stil, in dem es abgefasst war, manche Formulierungen riefen sogar eine Art Kitzel in meinem Kopf hervor. Andere entzückten mich, weil aus dem Zusammenprall verschiedener Wörter eine Erkenntnis aufleuchtete, wie Funken, die beim Zusammenschlagen von Feuersteinen entstehen.

VII.

Von der Welt in meinem Kopf, meinem Unverstand und meinen geheimen Wünschen und Entdeckungen wusste niemand etwas, genauso wenig von meiner Affinität zum Selbstmord, meinem Unglück und meinen Momenten der Hellsicht.

VIII.

Ich entdeckte, dass sich die Menschen im Geheimen hassen, und das Wissen darum verstörte mich. Sie hassten sich, auch wenn sie vorgaben, sich zu lieben. Ich erkannte das an meinen Eltern, die sich gegenseitig ihre Liebe beteuerten und sich doch mit Worten verletzten, bis meine Mutter weinend die Küche verließ oder Vater erzürnt davonlief.

IX.

Als Paul von Hans Schullins Mutter nach der Armbanduhr noch einen Karl-May-Band, *Durch die Wüste*, geschenkt bekam, geschah es zum ersten Mal, dass ein nicht gelesenes Buch eine Fülle von Gedanken in mir auslöste, denn ich stellte mir die großartigsten und ungeheuerlichsten Abenteuer vor, die sich hinter dem Einband verbargen. Mein Kopf erfand nicht nur Geschichten, sondern auch Bilder, meine Fantasie fing sofort zu arbeiten an, wenn ich es nur in die Hände nahm. Die Energie, die bei der bloßen Betrachtung von ihm ausging, war so stark, dass sie die Lust, es zu lesen, übertraf. Es genügte mir, es anzusehen und träumerisch an die Offenbarung zu denken, die es mir zuteil werden lassen würde. In meinen Gedanken wurde das Buch mit der Zeit immer einzigartiger, sodass es mir nicht mehr möglich war, auch nur darin zu blättern, ohne enttäuscht zu sein. Das Buch hatte eine Aura, die erst im Laufe von Wochen oder Monaten verglomm, wie Blumen welken. Von da an wiederholte sich dieses Phänomen immer wieder (es kommt vor, dass ich Bücher erst nach Jahren lese, wenn sie diese Aura eingebüßt und wie eine Pflanze in einem Herbarium in meiner Bibliothek eine andere Identität angenommen haben).

X.

Ich werde es mein ganzes Leben lieben, mich in Büchern zu verlieren. Es ist wunderbar, die innere Orientierung nicht mehr zu spüren, zu sehen, wie die Kompassnadel unserer Vorstellungswelt sich nicht mehr nach dem Pol orientiert und Prinzipien sich in nichts auflösen. Auch wenn ich weiß, dass es nur ein elektromagnetischer Lesesturm ist, der sich irgendwann legt, und dass die alte Vorstellungswelt dann wieder zum Vorschein kommt.

XI.

Auch im so genannten wirklichen Leben gebe ich manchmal der Lust am Michverirren nach, obwohl ich gleichzeitig eine Scheu davor habe. Ich wünsche mir dann nichts so sehr, wie aufzubrechen und nicht mehr zurückzufinden, und fürchte auch gleichzeitig nichts so sehr, weil ich alles schon im Voraus in Gedanken durchlebt habe. Diese Eigenschaft ist mir aus meiner Kindheit geblieben. Wenn ich mich wirklich treiben lasse, ist es wie ein Rausch, der über mich kommt, und gerate ich in Panik, beginne ich mich zu orientieren, eine Karte zu befragen oder mich an einen Menschen zu wenden, der mir vertrauenswürdig erscheint.

XII.

Beim Lesen habe ich alle Schauer und Abenteuer des Mich-Verirrens erlebt, weil ich Wörter, Anspielungen und ganze Absätze nicht verstand und das fehlende Verständnis durch Fantasie ergänzte – so wie ich es als Kind im wirklichen Leben gelernt hatte und nicht wenige Erwachsene es ihr ganzes Leben lang tun. Das Reisen und das Lesen haben sich häufig ergänzt, denn zahlreiche fremde Länder habe ich erst anhand ihrer Literatur kennengelernt, und auch mit Hilfe von Reiseführern oder Reisebeschreibungen, angefangen von Swifts Gulliver bis Cees Nooteboom, Bruce Chatwin, Paul Theroux, einem Baedeker von Indien oder einem Stadtführer von Granada.

XIII.

Um mir Bücher zu beschaffen, läutete ich im Laufe der Jahre immer häufiger bei Professor Hofmann und seiner Frau an. Dort hatte das Wohnzimmer, das zugleich die Bibliothek war, die Atmosphäre eines literarischen Reisebüros. In einer Bibliothek ist man zugleich auf einem Bahnhof oder Flugplatz. Wenn der alte Mann in seinen alten Möbeln mit seinen alten Büchern dasaß, kam er mir vor wie ein Forschungsreisender, der auf ein langes, abenteuerliches Leben zurückblickt, ein Humboldt, der Bücher erkundet und Sätze und Wörter gesammelt hat. Er war ein vornehmer und zurückhaltender Herr. Seine weißhaarige Frau war das aktive Element in diesem Haushalt. Immer unternahm sie etwas, kaufte ein, backte, kochte, machte Besuche, während er wie ein chinesischer Mandarin Zeitung las und Radio hörte oder ein Buch auf seinem Schoß liegen hatte.

XIV.

Seltsamerweise spürte ich, wenn er nicht da war: Ging ich dann an der Wohnungstür vorbei und er war mit seiner Frau für Tage oder Wochen auf Sommerfrische, kam mir die Wohnung vor wie ein Schwarzes Loch, als gähnte hinter der Tür eine riesige Leere. Ich sah das unbelebte Wohnzimmer vor mir, die stummen Bücher. Der Eindruck von Sinnlosigkeit vermischte sich mit meinem Innenbild, ich wurde unruhig und fühlte mich niedergeschlagen. War er jedoch anwesend, hatte ich das Gefühl, als sei ein Familienmitglied in meiner Nähe, dem ich in einer Art wortloser Kommunikation verbunden war.

XV.

Ich sehe Professor Hofmann heute noch in seiner Bibliothek sitzen, ein Wächter über die Zeit, der verhinderte, dass ich mich in ihr verirrte. Zugleich verfügte er mit seiner Bibliothek über die wirksamsten Mittel, den chronologischen Ablauf der Zeit zu durchbrechen.

Gab ich ihm einen Band zurück, stellte er eine knappe Frage.

Er hörte schweigend meine Antwort und lächelte manchmal. Äußerte ich einen Wunsch, brauchte er für gewöhnlich einige Sekunden, bis ihm einfiel, in welchem Regal sich das betreffende Buch befand oder ob er es überhaupt besaß. Am meisten irritierte ihn, wenn ich mir ein einmal gelesenes Werk noch einmal und noch einmal auslieh. Er hob anfangs die Augenbrauen und sagte: »Das hast du doch schon gelesen.«

Ich nickte.

Unwillig händigte er mir dann zum vierten Mal *Tausend und eine Nacht* aus. Aber als ich zum dritten Mal nach Jules Vernes *Reise zum Mittelpunkt der Erde* verlangte, fing er an, sich an meinen Wiederholungswahn zu gewöhnen.

XVI.

Fünfundzwanzig Jahre später zog ich selbst in seine Wohnung ein. Er und seine Frau waren gestorben, und ich sah in den leeren, frisch geweißten Räumen in Gedanken noch die schwarzen Bücherregale und stellte mir vor, wie er als ein durchsichtiges Gespenst in seinen durchsichtigen alten Möbeln darin hauste.

XVII.

Weitere zwanzig Jahre später fanden Handwerker bei Renovierungsarbeiten unter der Wanne im Badezimmer einen verrosteten Trommelrevolver mit abgesägtem Lauf und eine Schachtel Munition, die ich heute noch besitze. Die Waffe stammte von einem SS-Sturmbannführer Lindner, der mit seiner Frau in der Zeit des Nationalsozialismus dort gewohnt hatte. Nach dem Krieg sei er spurlos verschwunden und seine Frau habe ihn für tot erklären lassen, bevor auch sie untertauchte, erfuhr ich bei meinen Nachforschungen. Lindner hatte die Waffe vermutlich für den Fall seiner Verhaftung dort deponiert. Sie könnte aber auch aus dem Besitz eines Staatspolizisten stammen, der, nachdem Lindner verschwunden war, neun Monate in der verlassenen Wohnung auf dessen Rückkehr gewartet hatte und von ihm nicht wehrlos überrascht werden wollte. Den Namen »Lindner«

aber hatte ich, ohne diese Umstände zu kennen, ein Jahrzehnt zuvor der Hauptfigur meines Romans *Landläufiger Tod* gegeben.

Nachweise

Zsuzsa Bánk: Brechtallergisch. Originalbeitrag.

Klaus Böldl: Reise zum Mittelpunkt der Erde. Eine Notiz zu Adalbert Stifters Erzählung ›Granit‹. Originalbeitrag.

Alain de Botton: Wie man in der Liebe glücklich wird. Aus: Alain de Botton: Wie Proust Ihr Leben verändern kann. Eine Anleitung. Aus dem Englischen von Thomas Mohr. Frankfurt am Main 2003. S. 189–205.

Silvia Bovenschen: Richard Hughes, ›Sturmwind auf Jamaika‹. Aus: Literaturen 07/08 (2006). S. 142.

Thomas Brussig: Klassiker stillgestanden! Originalbeitrag.

Günter de Bruyn: Wie ich zur Literatur kam. Aus: Günter de Bruyn: Lesefreuden. Über Bücher und Menschen. Frankfurt am Main 1986. S. 286–292.

Nadja Einzmann: Und in Türme natürlich auch. Rede zur Verleihung des Förderpreises des Friedrich-Hölderlin-Preises der Stadt Bad Homburg 2007.

Dieter Forte: Alfred Döblin, ›Berlin Alexanderplatz‹. Aus: Alfred Döblin: Berlin Alexanderplatz. Die Geschichte vom Franz Biberkopf. Mit einem Nachwort von Dieter Forte. Frankfurt am Main 1999. S. 483–490.

Julia Franck: Büchners Lenz. Originalbeitrag.

Robert Gernhardt: Petrarcasonett. Ein Akrostichon. Aus: Neue Rundschau 2/2004. S. 108.

Christina Griebel: Doktor Johannes Faust. Nach Knittlingen. Originalbeitrag.

Lukas Hammerstein: Staat machen. Originalbeitrag.

Josef Haslinger: wie ich novalis kennenlernte. [Auszug aus der Paderborner Poetik-Vorlesung 2001/2002].

Gregor Hens: Wernher der Gärtner, ›Meier Helmbrecht‹. Originalbeitrag.

Wolfgang Hilbig: Der Leser. Aus: Wolfgang Hilbig: Erzählungen. Frankfurt am Main 2002. S. 24f.

Felicitas Hoppe: Was Goethe ein Kind ist! Aus: Frankfurter Allgemeine Zeitung, 22.5.2002.

Ricarda Junge: Rostrot und schwarze Buchstaben. Originalbeitrag.

Bernhard Keller: Aranjuez. Originalbeitrag.

Dieter Kühn: Kurzer Seitenblick auf Novalis. Originalbeitrag.

Reiner Kunze: Unzensiertes über Heinrich Heine. Aus: Reiner Kunze: Das weiße Gedicht. Essays. Frankfurt am Main 1989. S. 144–146.

Michael Lentz: Robert Walser. Wer sonst? Aus: Neue Zürcher Zeitung, 27.5.2006.

Alberto Manguel: Tagebuch eines Lesers [Januar]. Aus dem Englischen von Chris Hirte. Frankfurt am Main 2005. S. 146–165.

Rainer Merkel: Die Geschichte des Kusses von 1982. Originalbeitrag.

Dirk von Petersdorff: Grüne Matten, meisterhafte Exposition. Schillers ›Wilhelm Tell‹. Originalbeitrag.

Richard Powers: In den Docks. Aus dem Amerikanischen von Manfred Allié. Aus: Neue Rundschau 2/2005. S. 83–86.

Kathrin Röggla: ›titan‹ lesen. Originalbeitrag.

Gerhard Roth: Bücher. Aus: Gerhard Roth: Das Alphabet der Zeit. Frankfurt am Main 2007. S. 449–457.

Sabine Schiffner: Schneeweißchen und Rosenrot. Originalbeitrag.

Arnold Stadler: Mörike mon amour. Aus: Eduard Mörike: Idylle vom Bodensee oder Fischer Martin. Mit zeitgenössischen Illustrationen. Hrsg. von Egon Gramer. Mit einem Essay von Arnold Stadler. Frankfurt am Main und Leipzig 2004. S. 22f.

Peter Stamm: Werther ist tot. Aus: Tages-Anzeiger, 28.1.1999.

Anke Stelling: Abnorme Stühle. Teil 5: Die Häschenschule. Originalbeitrag.

Marlene Streeruwitz: Ovid. Originalbeitrag.

Birgit Vanderbeke: Gertrude Stein oder Die unerhörte Freiheit, einfach zu sagen, was man weiß. [Einstieg in ein Radiofeature, Südwestfunk 1991].

Stephan Wackwitz: Daily Records [Auszug]. Aus: Stephan Wakkwitz: Selbsterniedrigung durch Spazierengehen. Essays. Frankfurt am Main 2002. S. 109–112.

Maike Wetzel: Verdammt, Woyzeck, da kommt mir die Liebe. Originalbeitrag.

Roger Willemsen: Anti Karenina. Originalbeitrag.